U0819980

桃花源记重生记

天下第一祝枝山

草圣祝允明《桃花源记并诗》卷修复全记录及研究

叶竑毅 著

江苏凤凰美术出版社

目录

序

古书画装裱修复一向被视为书画装裱中最为困难的技艺，当中所需要的技术层级最高，各方面要求也最多，同时也代表着装裱技艺的最高水平。明代周嘉胄《装潢志》说："古迹重裱如病延医。前代书画，历传至今，未有不残脱者。苟欲改装，如病笃延医。医善，则随手而生；医不善，则随手而毙。"在传统社会中，修复古书画者甚至被比喻为医生，有着妙手回春的神力，其责任与意义无疑十分重大。岁月除了无情地在人类身上留下痕迹外，也是古字画的头号敌人，材质老化与外来伤损无可避免，要让后世子孙有机会亲眼看见前人所创造的高度艺术文化，就必须对这些古代作品进行修复与重新装裱，才可能延续它们璀璨的生命。

欣闻叶竑毅君近来受托为一件明代祝允明《桃花源记并诗》卷进行揭裱修复，相信其能力绝对足以让此作获得重生。他曾在台北故宫裱画室修习多年，接受古书画修复的完整训练，也是我退休前所收的最后学生。他原先从事书画装裱行业的底子就相当扎实，加上认真地学习吸收，因此工作表现杰出，完全可以独当一面。于服务期间又深感理论学识之不足，考入云林科技大学文化资产维护研究所，并顺利取得硕士学位，可谓学识与实务兼具，相信在古书画保存维护上必定能有一番作为与贡献。

目前出版的修复书籍无论是深入还是浅出，多数都抱持着秘而不传的写作态度，往往就操作步骤加以解释，对于实际过程中会遇到的技术问题都避而不谈，视为各家门派的秘籍武功。这类的出版物对于一般民众还是有推广的效果，不过对于整体古字画修复产业的帮助不大，完全无助于任何技艺上的提升。此次叶竑毅君所修复完成的祝允明《桃花源记并诗》卷，属于比较高难度的揭裱修复案例，委托人事先也要求全程记录，并提到可能的出版计划。该藏家因体悟到保存修复对于古字画生命延续的重要性，希望借此难得的揭裱计划，将修复过程中的详细步骤一一公开，可以为古书画保存维护尽点心力。刚好叶竑毅本人也持有相同的理念，于是就共同催生出这本前所未有的古代手卷装裱记录全书。

此书从状况检视开始记录到手卷的完成，所有的操作细节可说是巨细靡遗，完全可以作为古手卷修复的技术手册。过程中，作者还不吝分享其判断抉择的思路历程，这部分对于专业人员是最具正面意义的，大家可以借此相互观摩学习比较，相信对于整个古书画装裱修复界绝对是个很好的开端。随着此书的出版，或许能引起一时风气，拉近不同派别修复师的距离，齐心努力地提升古书画修复的整体水平，对于传世的珍贵书画作品无疑是一大佳音。

2018 年 4 月 24 日

序于台北士林

缘起

向来神秘的书画修复，囿于门户之见与商业机密等考虑，尽管已发行不少相关著作，然而不是文字过于简陋，就是刻意避开许多诀窍，对于保存修复界一直没有起很大的作用。在征得藏家及裱画师的同意下，借由揭裱祝允明草书精品《桃花源记并诗》卷的难得机会，将修复过程完整记录下来，从状况检视到完成，每个步骤都配上实际的照片，并以深入浅出的文字加以说明，希望能为古书画修复略尽绵薄心力。此书无疑为史上最详尽的手卷修复全书，裱画师叶竑毅毫无保留地分享所有操作细节与技巧，希望借此抛砖引玉，能摒除门户派别之间的成见，以增进古书画修复的整体水平，延续并弘扬伟大的中国文化。透过这本书，一般读者可以看到古文物如何经由妙手而回春，修复师可以观摩到博物馆等级的揭裱操作技法，研究者除了可以见证一件伟大艺术品的重生，更可以透过修复过程，掌握艺术风格的真正本质。

《桃花源记并诗》为明代草书第一大家祝允明的晚年极精之作，不仅代表其个人的书学成就，也反映出有明一代草书的高度，堪称书法史上的重要杰作。此外，《桃花源记》非物质文化遗产的相关书法作品中，祝允明此作是目前年代最老、书家等级最高且艺术造诣最深，可说是传世《桃花源记》墨迹中之第一。此卷从20世纪初便一直保存在台湾，直到最近才从藏家手中释出，然而保存状况并不理想。基于以上理由，此卷的修复无疑对中华民族有其重大意义，除了为后世子孙保存一件传世书法经典作品外，对于陶渊明《桃花源记》文化更是有难以言喻的莫大价值。经过不断地审查与层层考核后，最终才决定出最合适的修复人选叶竑毅，并于2017年春天开始进行修复。

修复师

叶竑毅，1967年出生于中国台湾新北市，为知名的书画装裱修复专家，采文堂工作室修复师。年轻时拜树林刘永寿先生学习书画装潢，从事专业装裱至今已30余年。因感于所学不足，2001年至2009年进入台北故宫博物院裱画室深研进修，有幸跟随林胜伴老师学习古书画的装裱修复技术。后又因相关理论学识的缺乏，考入云林科技大学文化资产维护研究所，专攻纸料学与文物保存修复，于2008年以《书画立轴用絛绳工法之保存研究》研究论文取得硕士学位。由于深知文物保存修复重要性及人才短缺，愿将所学知识、技巧分享给对书画装裱修复有兴趣之人。

壹

天下第一祝枝山

修复前后对比

草圣祝允明《桃花源记并诗》卷

陶渊明《桃花源记》非物质文化遗产第一法书名迹
台北故宫博物院失之交臂的流落人间之国宝
明代书法长卷修复完整记录及操作步骤详解
首次公开博物馆藏品等级之古字画揭裱过程

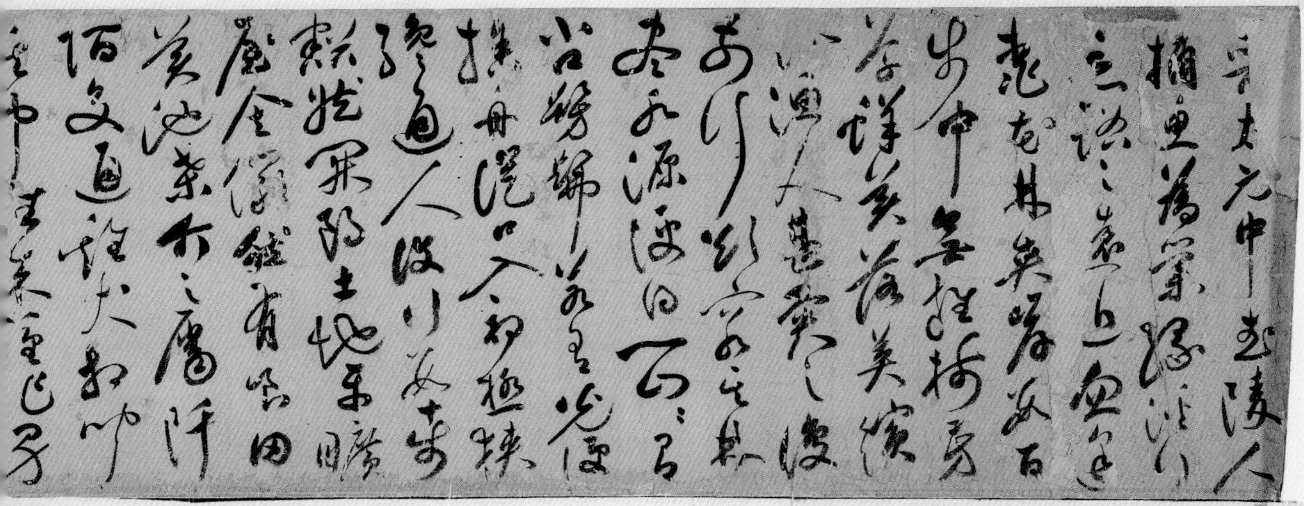

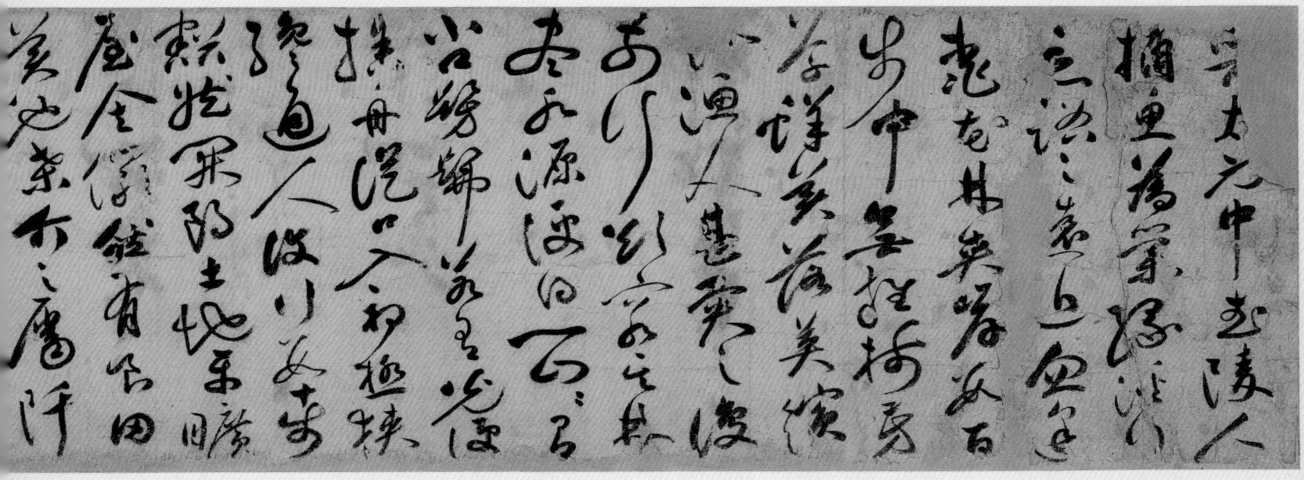

釋文

晋太元中，武陵人捕鱼为业，缘溪行，忘路之远近。忽逢桃花林，夹岸数百步，中无杂树，芳草鲜美，落英缤纷。渔人甚异之，复前行，欲穷其林。林尽水源，便得一山。山有小口，仿佛若有光。便舍船，从口入。初极狭，才通人。复行数十步，豁然开朗。土地平旷，屋舍俨然，有良田美池桑竹之属。阡陌交通，鸡犬相闻。其中往来种作，男女衣着，悉如外人。黄发垂髫，并怡然自乐。见渔人，乃大惊，问所从来，具答之。便要还家，设酒杀鸡作食。村中闻有此人，咸来问讯。自云先世避秦时乱，率妻子邑人来此绝境，不复出焉，遂与外人间隔。

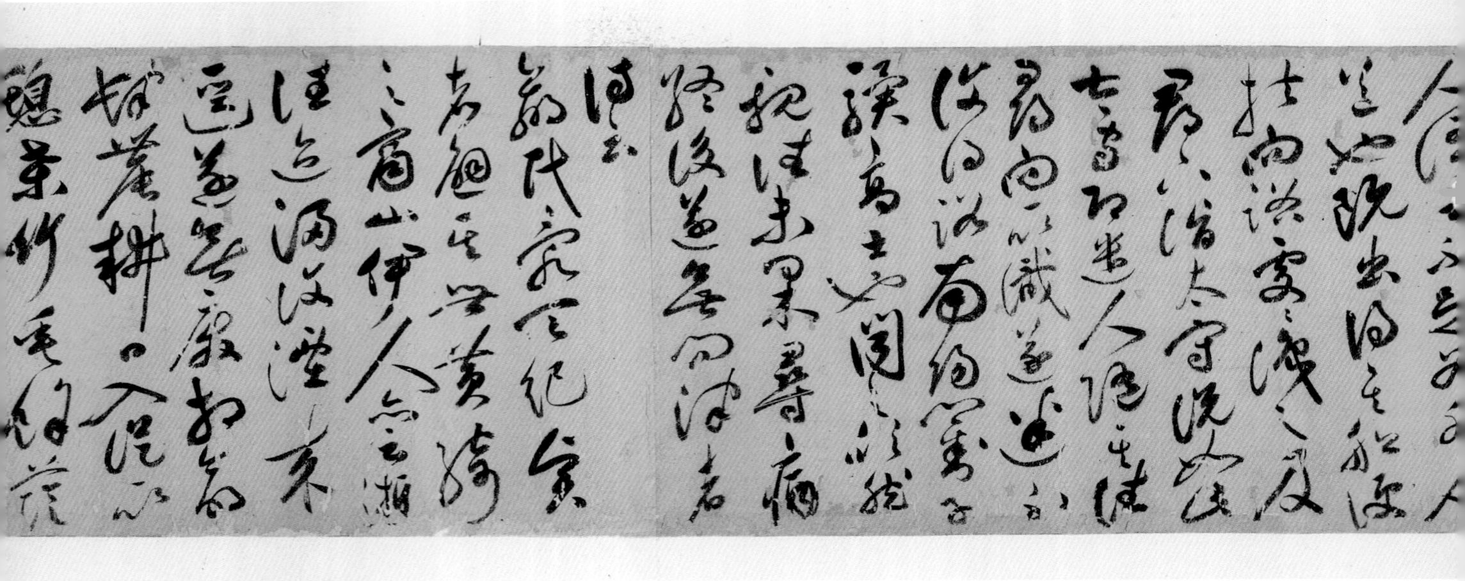

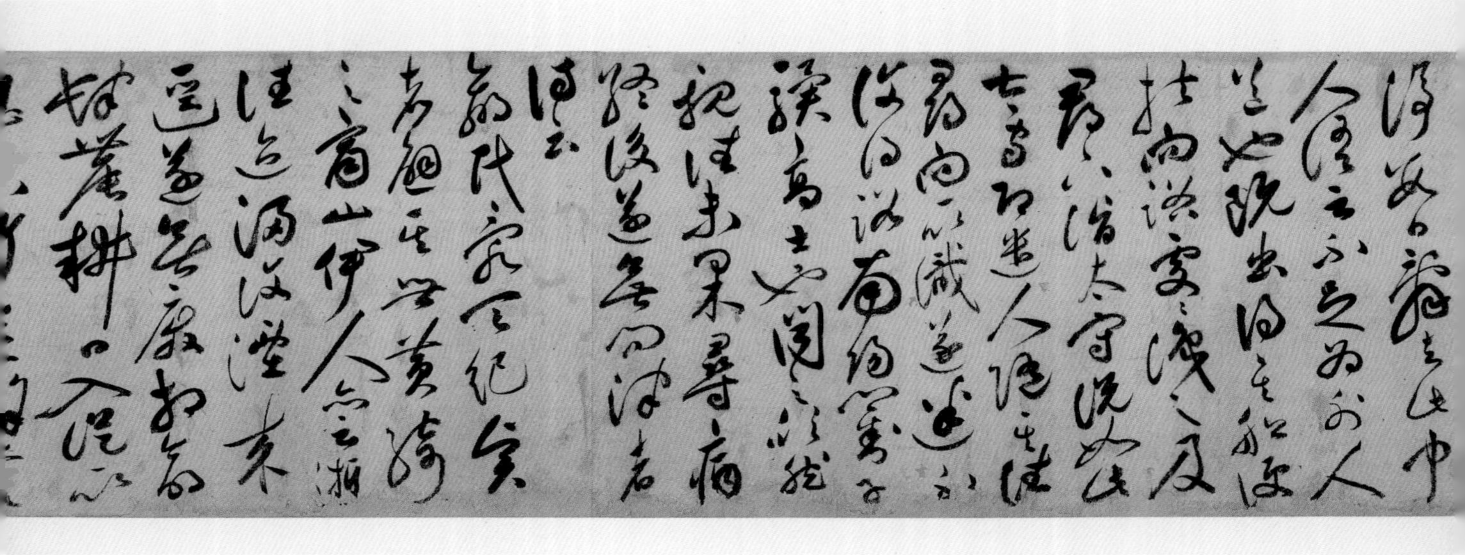

往迹浸复湮，来径遂芜废。
相命肆农耕，日入从所憩。
桑竹垂余荫，菽稷随时艺。
春蚕收长丝，秋熟靡王税。
荒路暧交通，鸡犬互鸣吠。
俎豆犹古法，衣裳无新制。
童孺纵行歌，斑白欢游诣。
草荣识节和，木衰知风厉。
虽无纪历志，四时自成岁。
怡然有余乐，于何动智慧。
奇踪隐五百，一朝敞神界。
淳薄既异源，旋复还幽蔽。
借问游方士，焉测尘嚣外。
愿言蹑轻风，高举寻吾契。

案头偶探得词集，暇中漫书此。时癸未（一五八三）秋日也。允明。

钤印一：希哲。

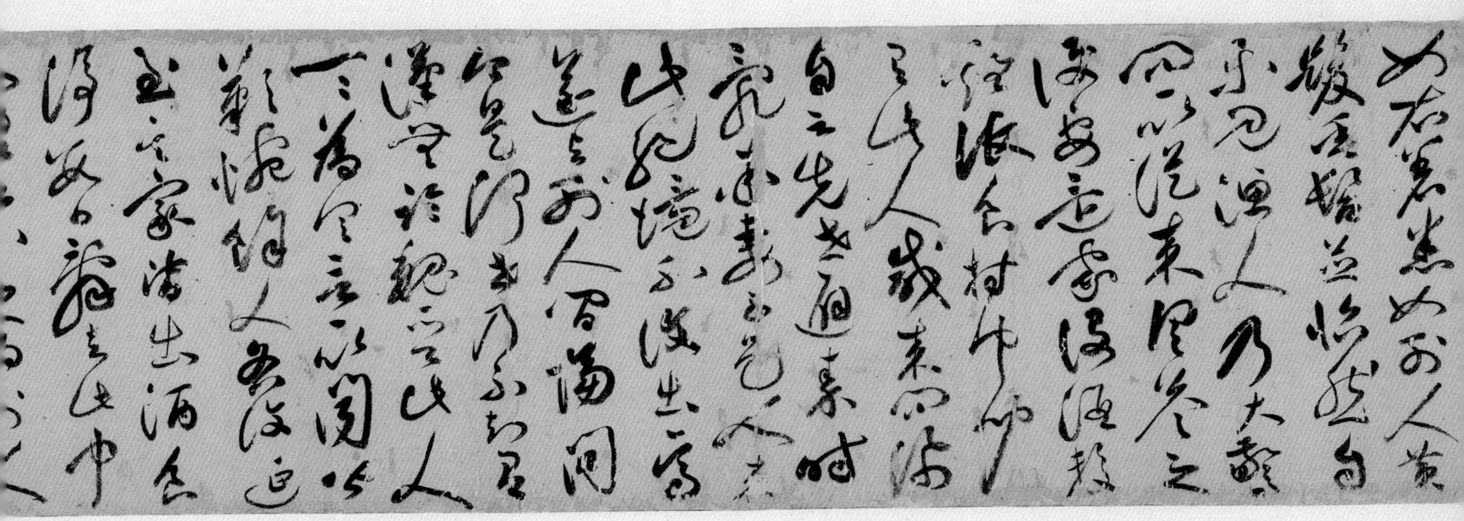

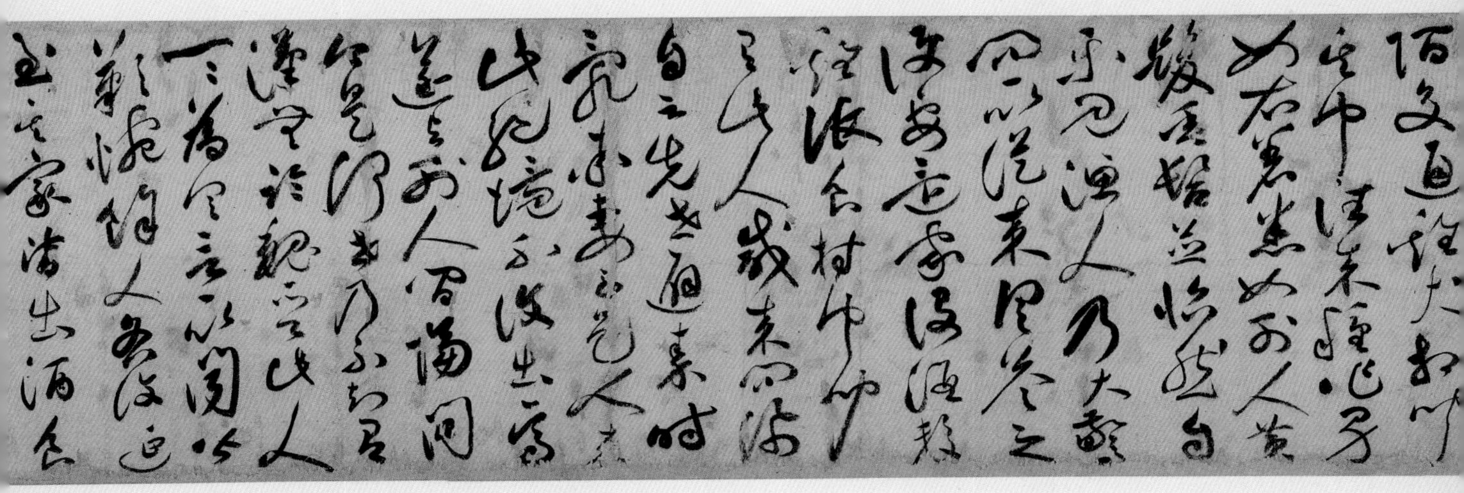

问今是何世，乃不知有汉，无论魏晋。此人一一为具言所闻，皆叹惋。余人各复延至其家，皆出酒食。停数日，辞去。此中人语云：『不足为外人道也。』既出，得其船，便扶向路，处处志之。及郡下，诣太守，说如此。太守即遣人随其往，寻向所志，遂迷，不复得路。南阳刘子骥，高尚士也，闻之，欣然规往。未果，寻病终。后遂无问津者。

嬴氏乱天纪，贤者避其世。黄绮之商山，伊人亦云逝。

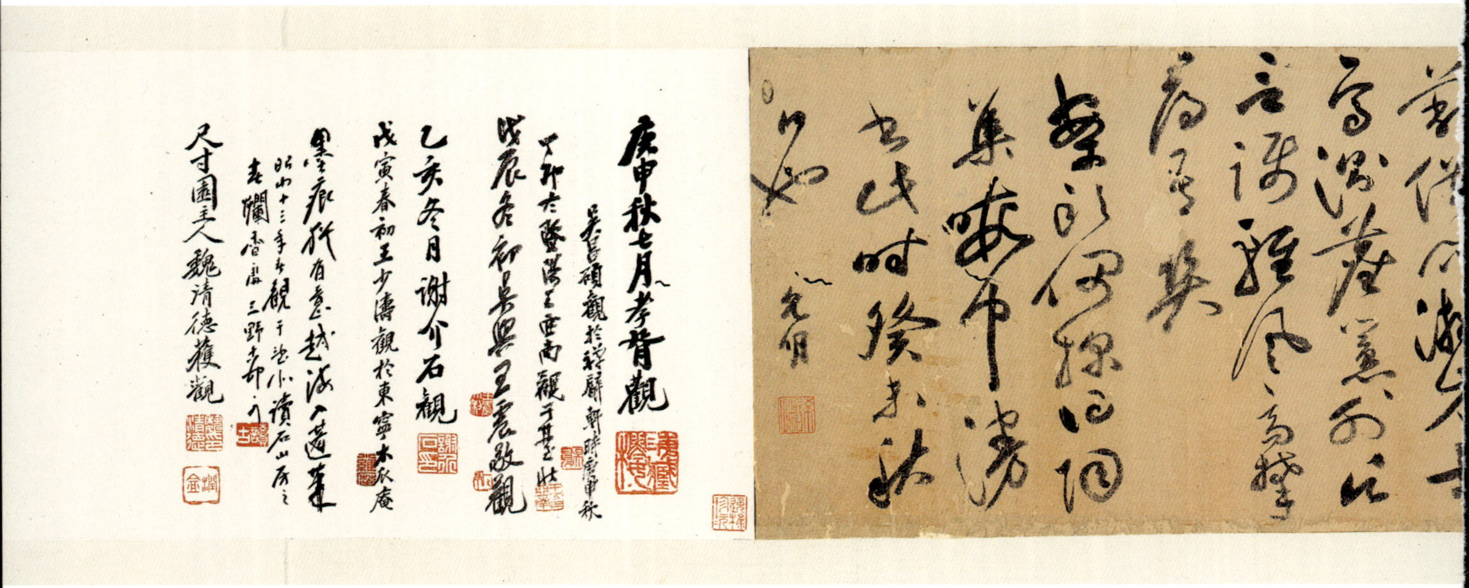

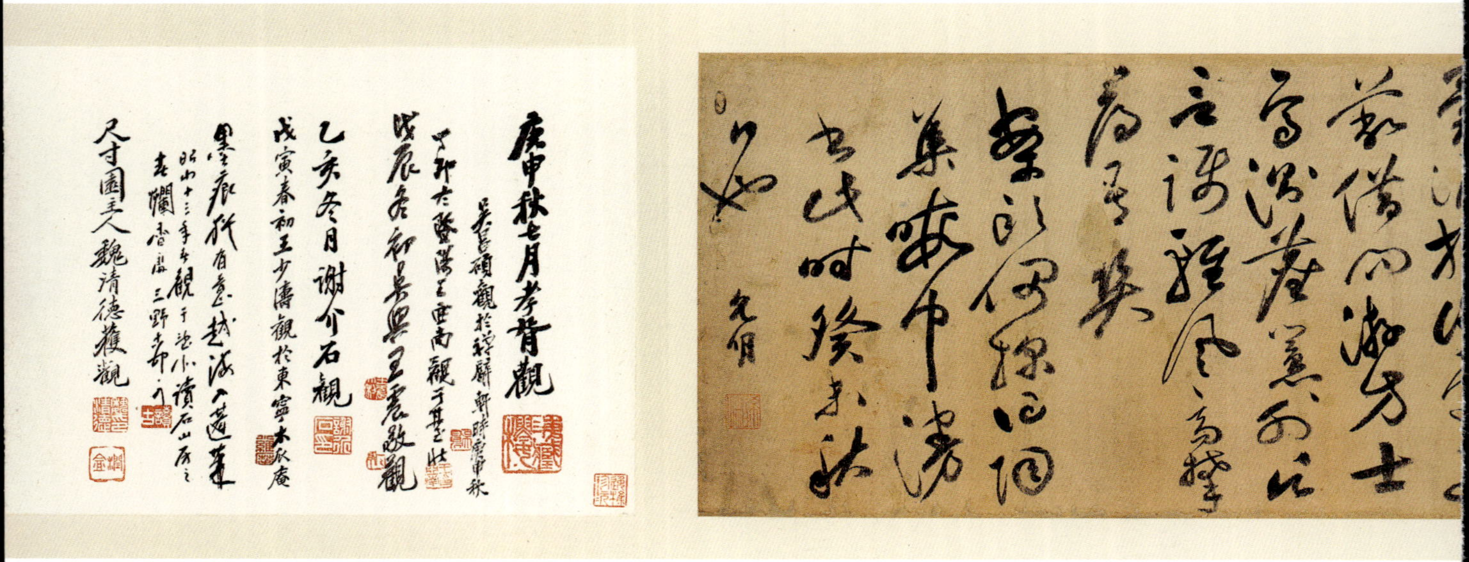

）春初王
少涛观于东宁木瓜庵。
钤印一：小维摩。
墨痕犹有意，越海入蓬莱。
昭和十三年（一九三八）
春观于台北读石山房之春
兰香处。三野古村主人。
钤印一：读古。
尺寸园主人魏清德获观。
钤印二：魏清德印、润庵。

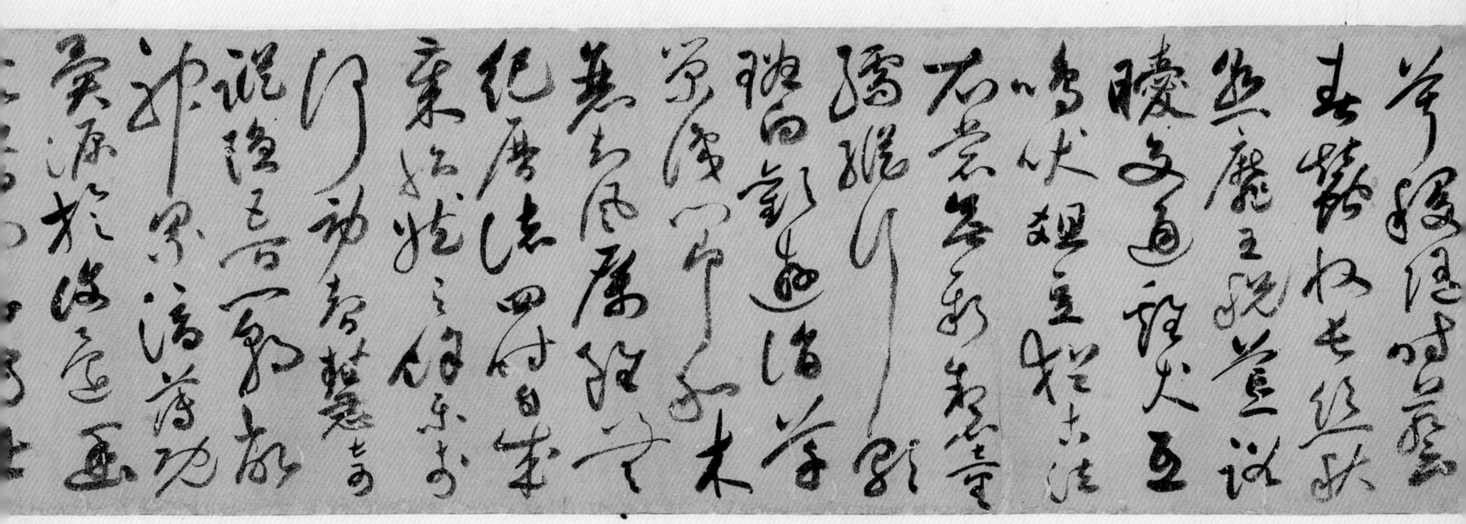

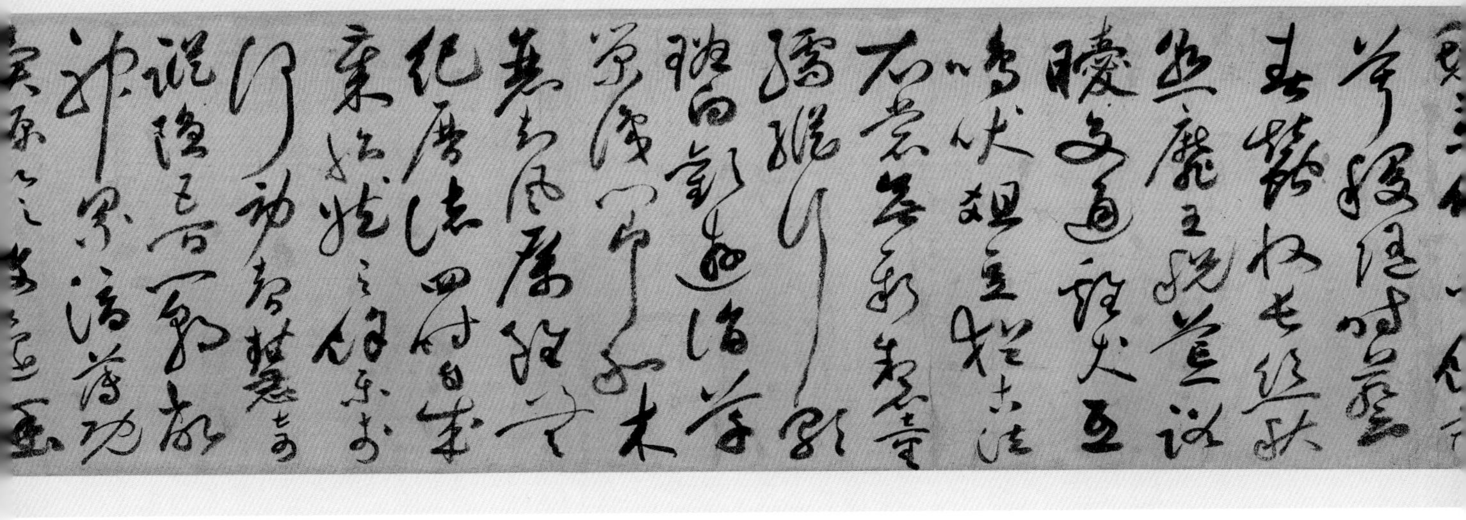

题跋印记

庚申（一九二〇）秋七月孝胥观。

钤印一：海藏楼。

吴昌硕观于禅甓轩。时庚申秋（一九二〇）。

钤印一：吴昌石。

丁卯（一九二七）冬暨阳王亚南观于台北。

钤印一：王亚南印。

戊辰（一九二八）冬初吴兴王震敬观。

钤印二：王震大利、一亭。

乙亥（一九三五）冬月谢介石观。

钤印一：谢介石印。

戊寅（一九三八）

天下第一祝枝山

贰

妙手回春——揭裱修复过程

草圣祝允明《桃花源记并诗》卷

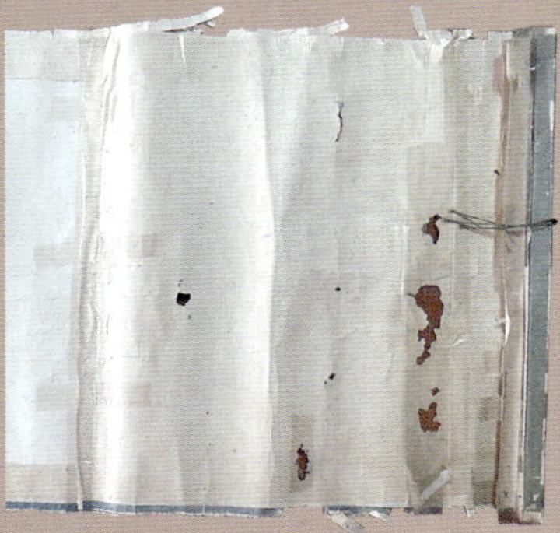

图 1

图 2

图 3

作品状况检视

首先可以见到天杆脱落，所使用木头也较粗（图 1），采用立轴形式钉上两个鸡脚圈，与手卷用“冂”字铜钉加八宝带的方式不同（图 2）。天头绫、包首绫皆断裂，以胶带黏贴，绫布材质已呈现脆化，绳带也损坏（图 3）。全卷有新旧虫蛀（图 4）、破洞、损伤、镶料脆化及胶带黏贴的状况（图 5）。画心中间可能因为绳带捆扎过紧而产生许多折痕，甚至出现裂痕（图 6）。

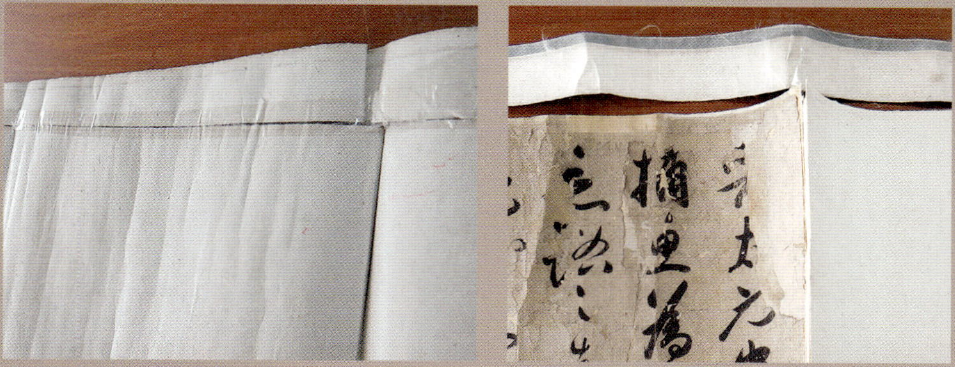

图 5

图 4

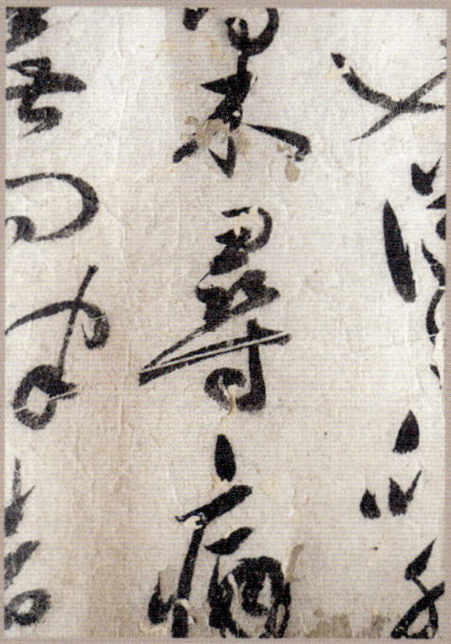

图 6

引首与本幅并无隔水（图 5），直接黏贴处出现重折痕与断裂，推测可能是镶边过窄或是浆糊不够，卷久就会产生断裂状况。目前以胶带固定，已经贴至画心上。

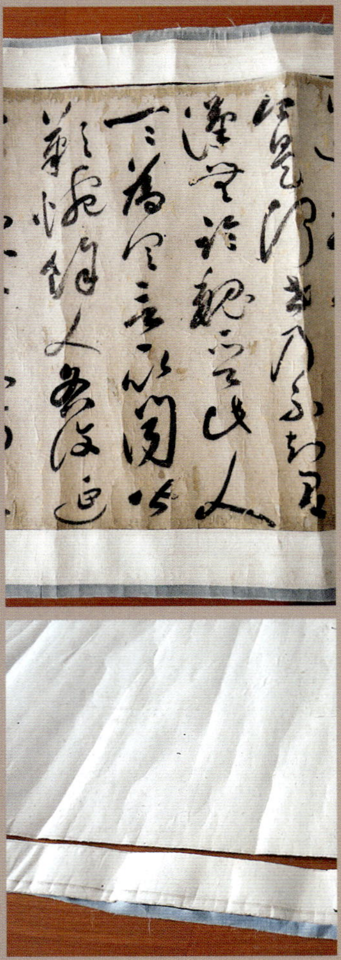

图 7

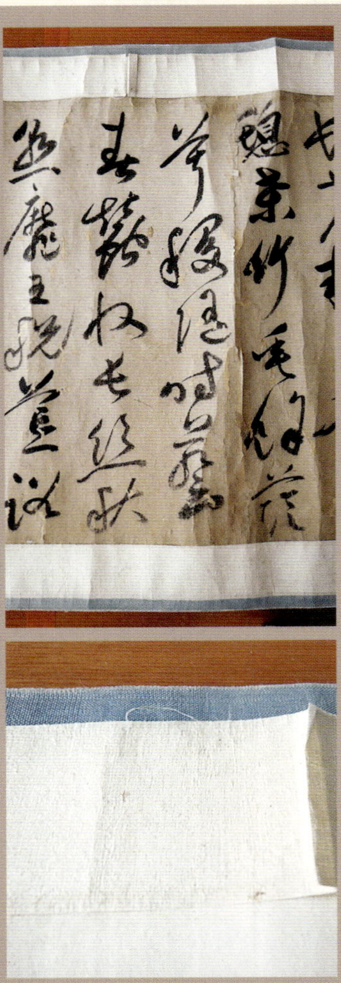

图 8

此作上下镶边并无分天地，采取各约 3 厘米的做法。至于水蓝色边条，仔细看并未包边，所以完全无法保护镶边的纤维，时间久了造成脱丝现象（图 7）。上下镶边相连直接裁成 90° 相接，这种做法容易因卷动而浮开（图 8），若是斜切 30° 至 45° 即可改善。

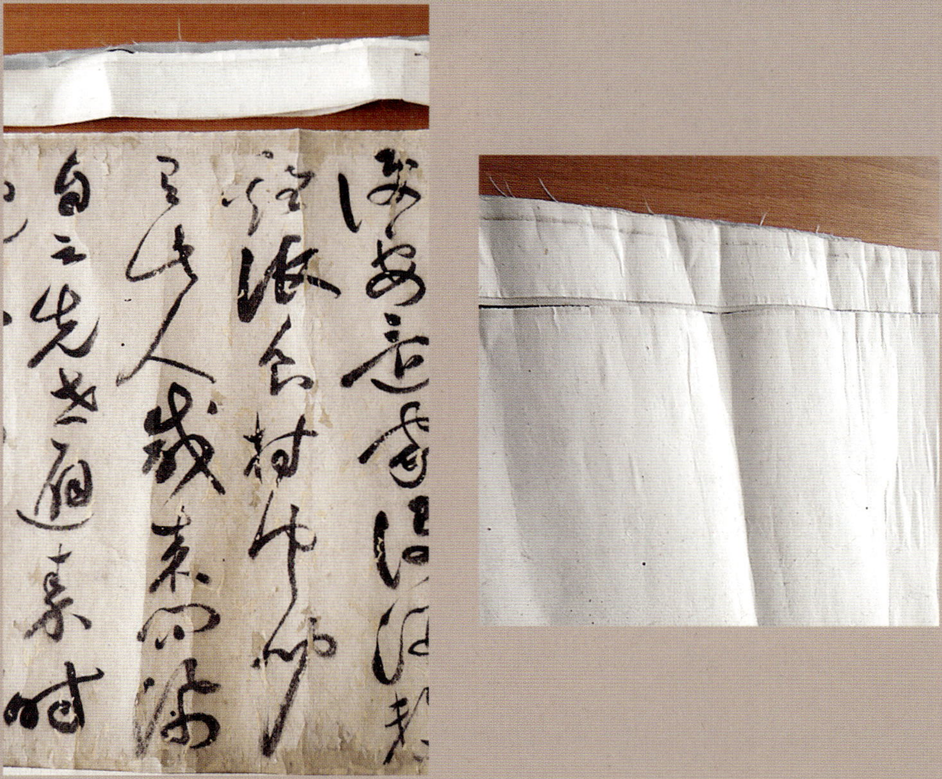

图 9

画心纸质较厚，上下镶边较薄，因此两者连接时产生明显落差，才会从接缝处浮开断裂（图 9）。

图 10

作品中间有硬接口（图 10），为整个托裱完后才直接对接上，故形成倍增的隆起，收卷久自然容易产生折痕及断裂现象。修复时预计直接分成两半处理。通常硬接会在隔水或引首、拖尾处，尽量避开画心。万一迫不得已要接，可以用厚楮皮撕毛边，粘在两侧，利用毛边作过渡，可以避免出现折痕。

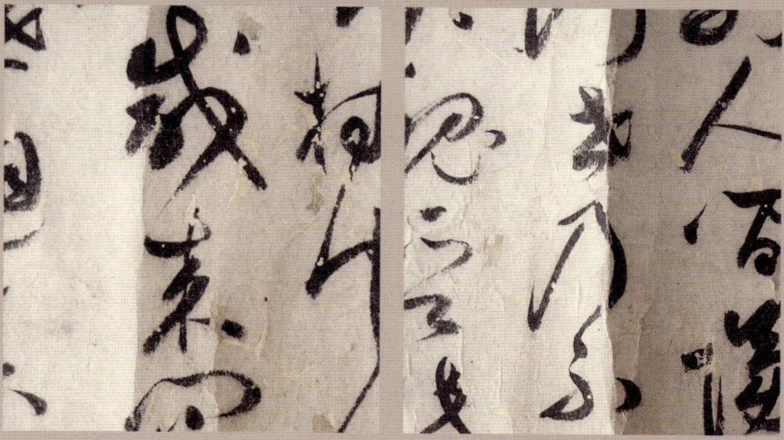

图 11

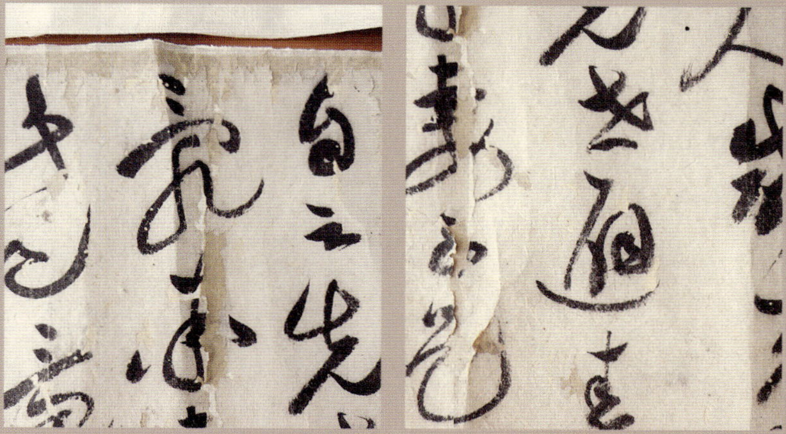

图 12

画心出现许多纵折痕（图 11），此次预计以长纤维的纸（楮皮纸）制作顶条，由后方加固。画心也存在许多浮开（图 12），推测应是上一次揭裱时未揭至画心层，只揭到第一层的托底层，浆糊时间久了就会失去黏性，导致浮开。

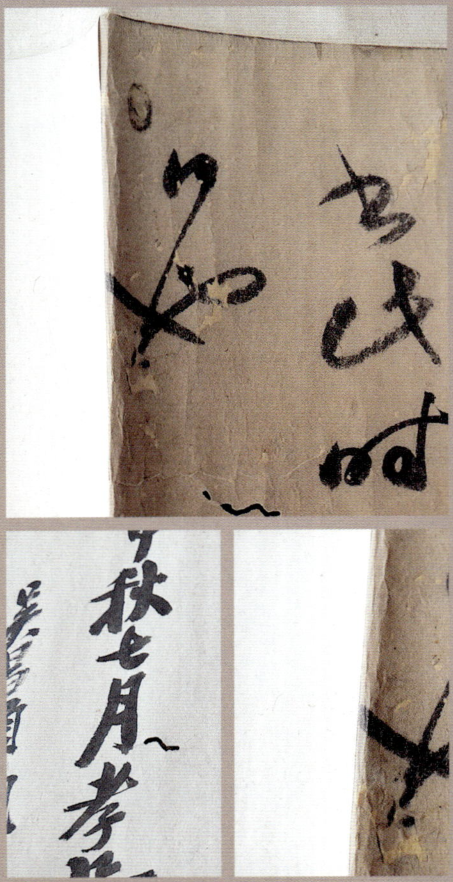

图 13

图 14

拖尾与画心同样是厚薄差距过大，加上没有隔水的过渡作用，所以产生严重折痕（图 13）。拖尾后半宣纸直接绫布，类似立轴做法，同样因为厚薄差距大，产生折痕（图 14）。

图 15

轴辊明显见到削切痕，并未打磨成滑顺的圆形。这些棱角容易造成折痕，上下也无轴片，仅简单包裹绫布（图 15）。

图 16

翻过来可以发现背纸接缝处也都浮开，应是浆糊不均所导致，绢表面的浆糊也不够，出现空鼓现象（图 16）。

整体的装裱材料都比较粗，绫绢的经纬都不是很紧密。绫绢大都已经脆化，纸张也有许多折痕、断裂，多处以胶带黏贴。

根据过去的修复经验判断，原作上的材料因为老化、破损等因素，其实都不适合继续保留使用，应该挑选合适的新材料来装裱。此外，原先装裱也有许多部分与传统手卷的做法不同，因此考虑恢复传统形式，以衬托出该书法作品的艺术造诣。

图 17

图 18

图 19

修复过程记录

1. 除胶带

利用 75% 浓度药用酒精当溶剂来去除黏胶，去渍油或汽油虽然也有人使用，但是溶剂容易残留于作品上，不建议使用。操作时需要从胶带侧面让溶剂慢慢渗透进去（图 17）。若黏胶太黏，也可以考虑同时从背后渗透以利溶解（图 18），待溶解黏胶后，马上撕除（图 19）。此步骤要非常小心谨慎，时时确认作品上的颜色与状况是否因溶剂而产生变化。由于黏贴胶带的年代并不十分久远，黏胶仅附着于表面，未深入纸张纤维中，所以整个移除作业还算顺利。

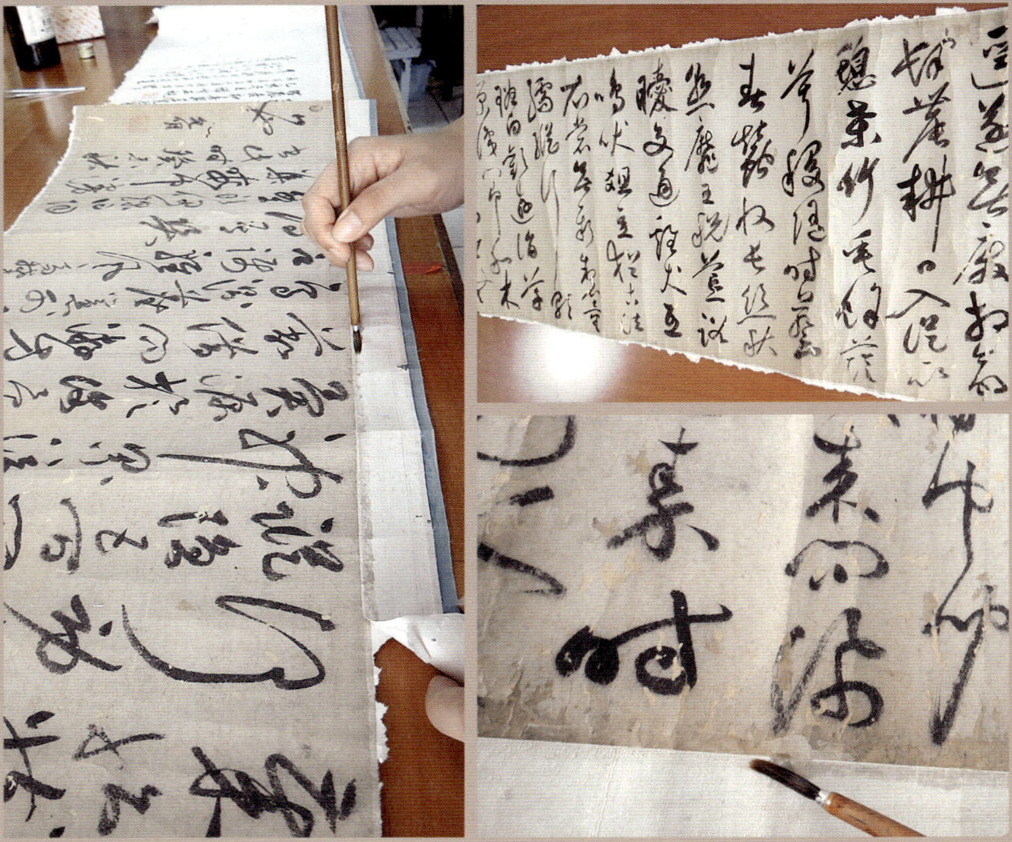

图 20

2. 移除镶边

以干净毛笔蘸清水润湿镶边接缝处（图 20），撕除时要注意不要伤到画心，遇到干燥较快时要时时加水润湿，一小段一小段移除。

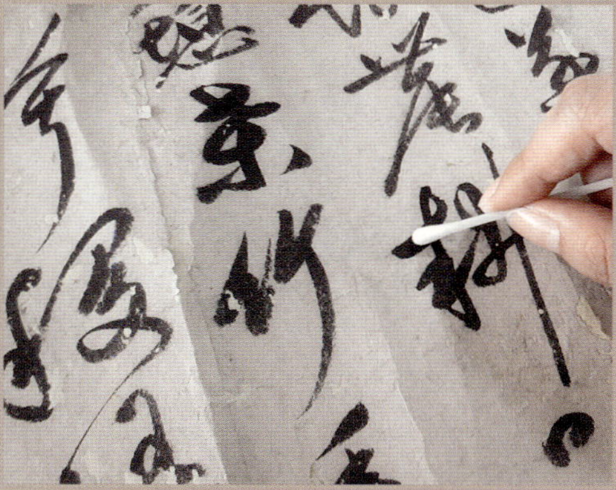
图 21

图 22

图 23

3. 固色

首先要测试墨色是否会因为淋洗而脱落。以棉花棒蘸水擦拭不影响作品的局部（图 21），若有炭粒墨痕沾上，表示遇水分多时可能会晕染开，因此需要上胶固色。在找了几个地方测试后，发现皆会脱色（图 22），也就是墨线因为年代久远已经脱胶或败胶，必须以三千本胶从墨在线加以固色（图 23）。第一次先以淡胶加以固色，完成后必须再测试脱色状况，若仍不行则要进行第二次固色。注意不宜一次涂上浓胶，时间久可能会造成固色部分的脆化。上胶的同时可用干净纸张保护画心，避免造成画面二次污染。

图 24

4. 淋洗

由于此卷有一定的年代，因此采取喷水润湿的方式来淋洗。作品底下铺上干净纸张，正面与背面一起润湿，以细微雾状水滴自由落下（图 24）。水量太大的淋洗方式容易破坏画心纸张纤维，会影响画面上的墨色，因此不予考虑。全作润湿完成后，充分的水分会让杂物浮起，此时以棉纱布滚成柱状

图 25

做滚挤动作（图 25），可将水分与杂质同时吸起。重复喷湿与滚挤的动作，直至画面清洁完成。

垫纸选用机器纸的光滑面，除了可以吸潮气外，也比较好移除。若是使用塑料膜，由于与画心间的吸附力大，破损处在移除垫纸时很可能被塑料膜吸下来，造成损伤。

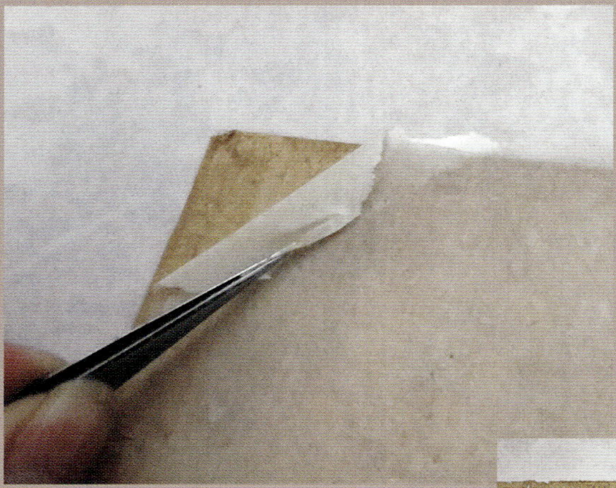

图 26

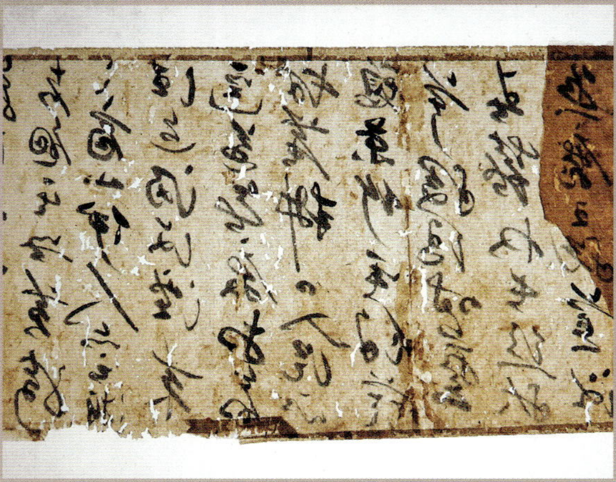

图 27

5. 揭除裱层

因为全作浸润时间太久，炭粒与纸纤维开始变得不稳定，若是强行揭开托裱层，容易损伤画心，画面也可能因为移动而受到破坏。因此，淋洗完成后须待作品干至 6、7 分时会比较稳定，此时进行揭除裱纸可以避免一些无谓的损伤。开始揭时最好从边角着手（图 26），循序渐进，先揭掉覆背纸，接着揭第二层托裱画心的命纸。揭除过程可以在光桌（底部打光的透明桌面）上进行，容易看清楚裱层之间的关系（图 27）。利用底下的投射光线，清楚发现画心上下边缘皆有一

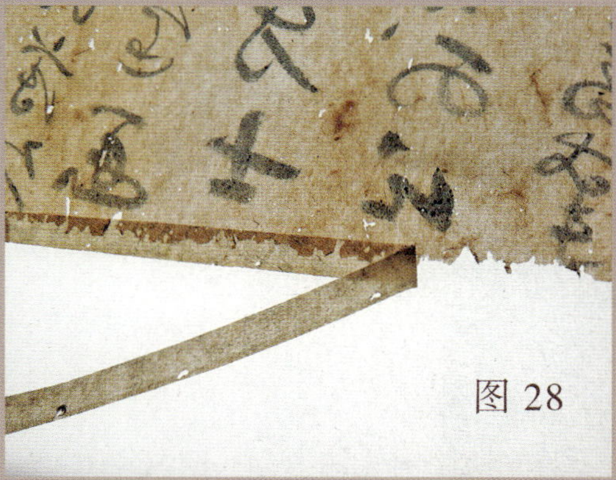

图 28

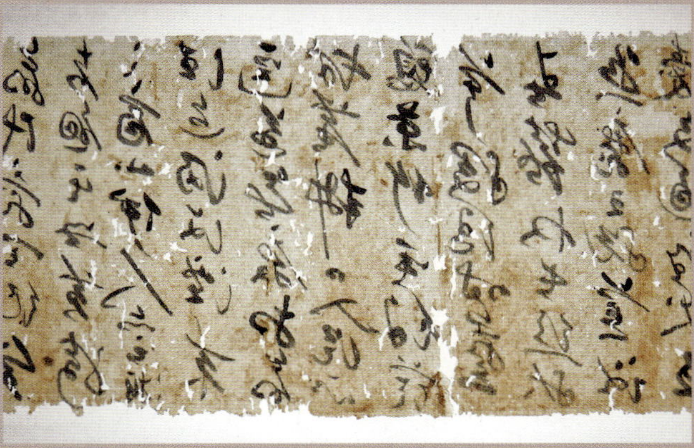

图 29

道补纸，可以看出浆糊不均匀，出现浮开现象，若未移除干净，下次同样会从这些地方浮开，因此一并移除（图 28）。破洞损伤部分的揭除要十分谨慎，否则很容易扩大伤害。

此作浆糊已经没有什么黏性，加上考虑正面加固的残留问题（浆糊或是甲基纤维素），因此决定正面不加固，必须一次揭完（图 29），而且要马上进行托底的程序。所以特别选定了阴天来揭裱，湿度高可以减缓干燥速度，争取揭裱与托底的时间。

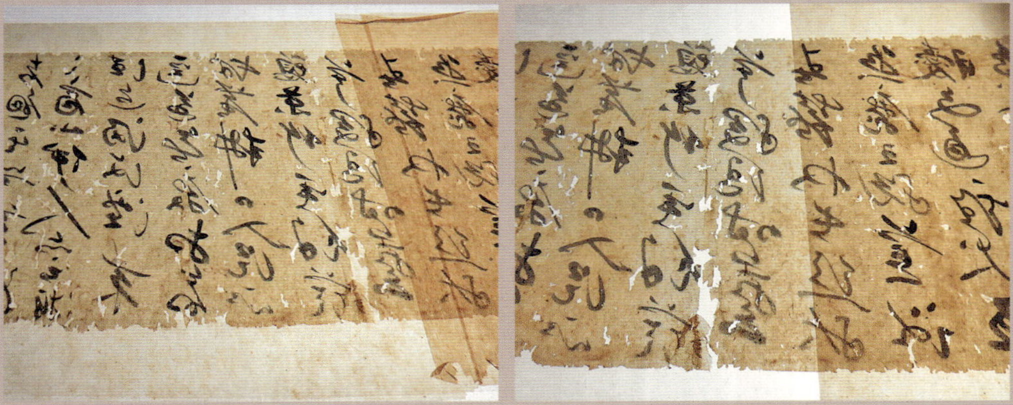

图 31

图 30

图 32

6. 小托

采取分段托裱，浆糊刷于命纸上（图30），覆上画心，刷平刷实后（图31），马上以干净纸张进行撤潮动作（图32）。手工棉纸与机器纸皆可使用，宣纸则较不好移除。全部托完后在边缘处抹浓浆糊，利用垫纸将画心移至墙上，并以图钉加固，等待干燥（图33）。等固定完

图 33

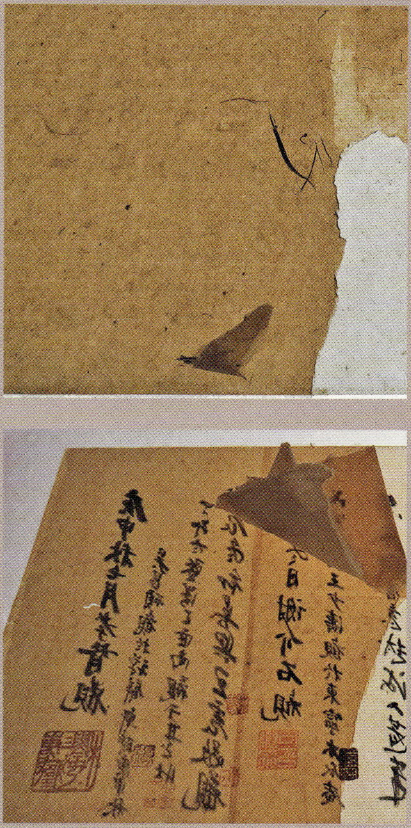

图 34

成后再移除垫纸即可。画面中左边垫纸已经移除，右边尚未移除。

拖尾的裱层揭除与小托都与画心程序相同。不过因为拖尾年代较近，浆糊黏性尚重，所以无法直揭揭除，需要以手搓方式除去（图 34）。此时必须利用光桌来判断均匀程度，以确保没有伤及画心。

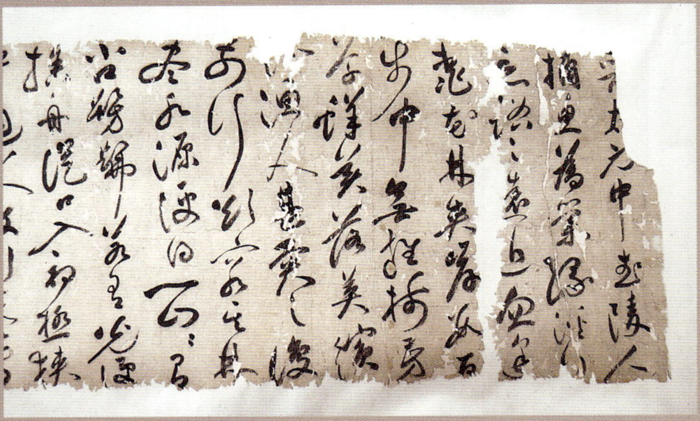

图 35

图 36

7. 上板挣平

待三张小托的画心完全干燥（图 35），取下喷水润湿平整后（图 36），四边抹浆糊，放进三张起口纸，贴上板墙（图 37），等待完全干燥，天气好约需 2—3 天。

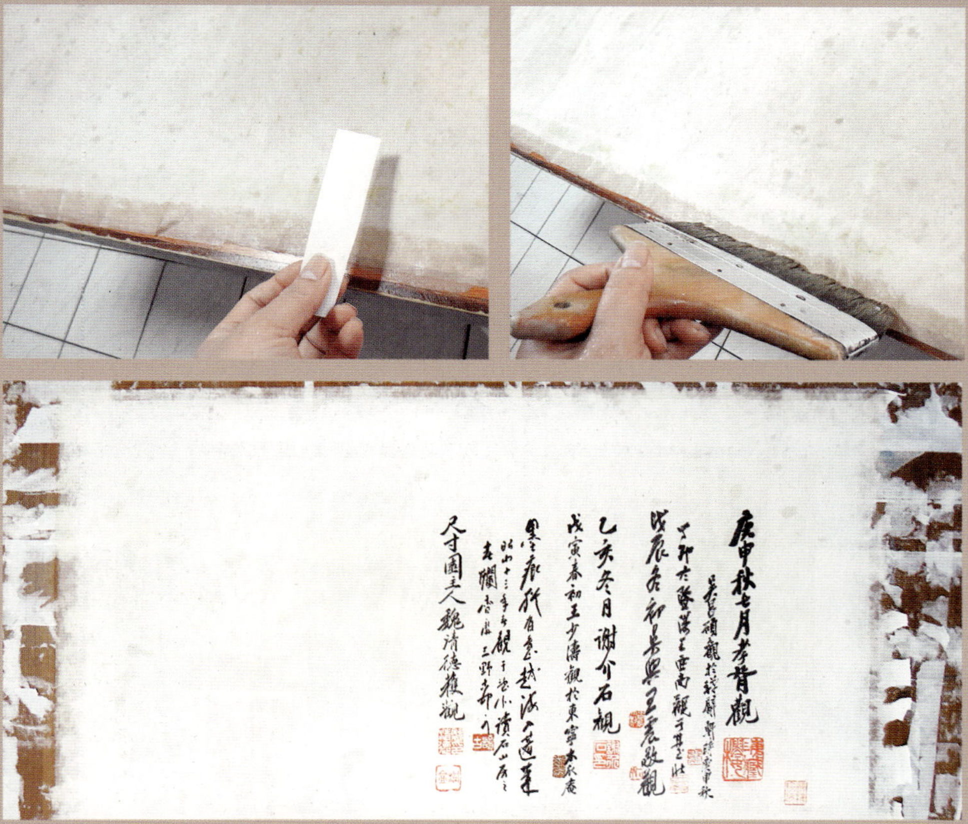

图 37

图 38

图 39

图 40

图 41

8. 绫布、包首锦、题签

新的绫布在使用前必须先染色，以降低新旧材质间的不协调。利用传统颜料来刷色，整个晕染完成后，先以纸张吸干潮气，再于上缘处抹浓浆糊上板干燥（图 38）。

包首锦先以水润湿（图 39），利用尺来调整经纬位置（图 40），完成后于背后直接刷上浆糊上板，移除垫纸（图 41）。由于锦本身比较厚，所以不需要再托一层纸。待干燥后，取下喷湿平整，四边抹糊上板挣平。

题签先喷水润湿后移下，移除托裱纸、绫部分（图 42）。调整经纬后，小托后上板（图 43）。待完全干燥后，喷湿整平，四边抹糊上板（图 44）。

图 42

图 43

图 44

移除垫纸即可，画面中左边垫纸已经移除，右边尚未移除。

拖尾的裱层揭除与小托都与画心程序相同。不过因为拖尾年代较近，浆糊黏性尚重，所以无法直接揭除，需要以手搓方式除去（图 43）。此时必须利用光桌来判断均匀程度，以确保没有伤及画心。

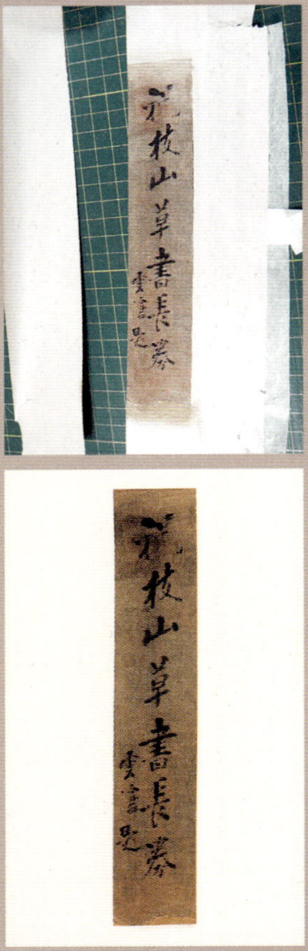

图 45

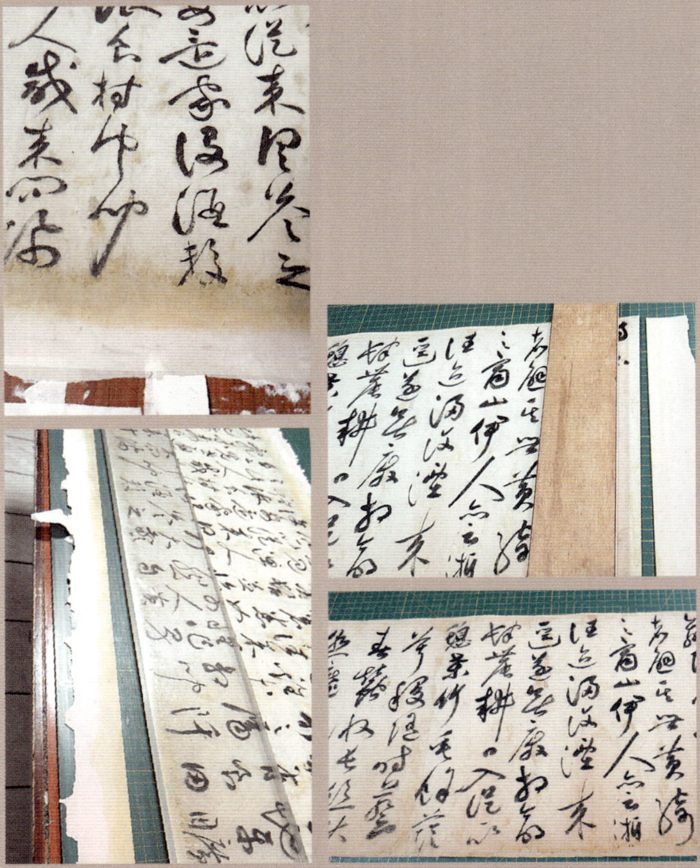

图 46

9. 方裁、挖镶、包边

题签干燥后取下方裁（图 45）。

所有小托皆取下方裁，仅留 0.2 厘米镶边，准备接上所有镶料（图 46）。

画心前后端采取挖镶方式，绫布利用锥子定位，挖出合适大小的洞，天大地小（图 47）。画心边缘以手抹浆糊黏合（图 48），上下边绫交接处采取斜向切割（图 49）。拖尾也采用挖镶（图 50）。

图 47

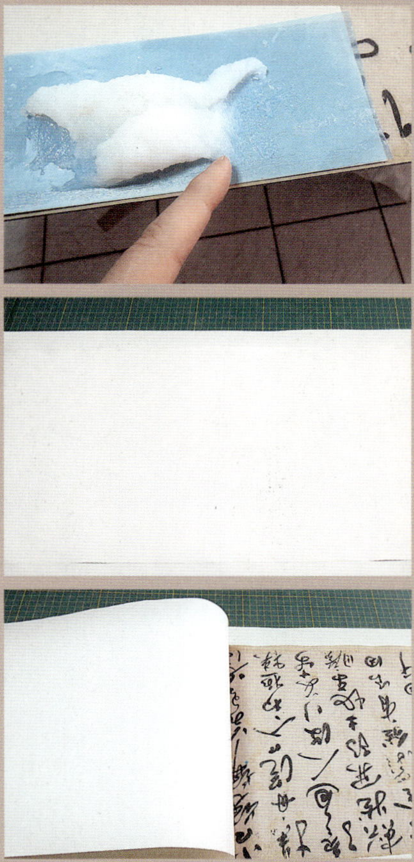

图 48

图 49

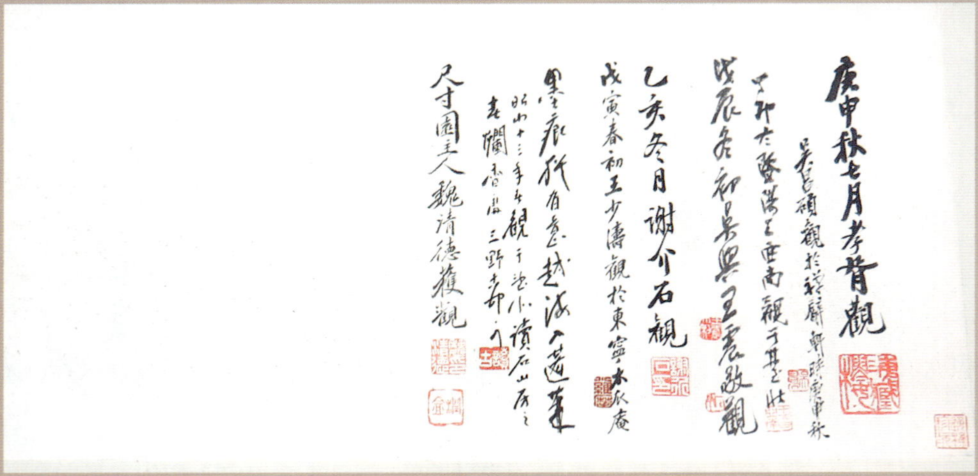

图 50

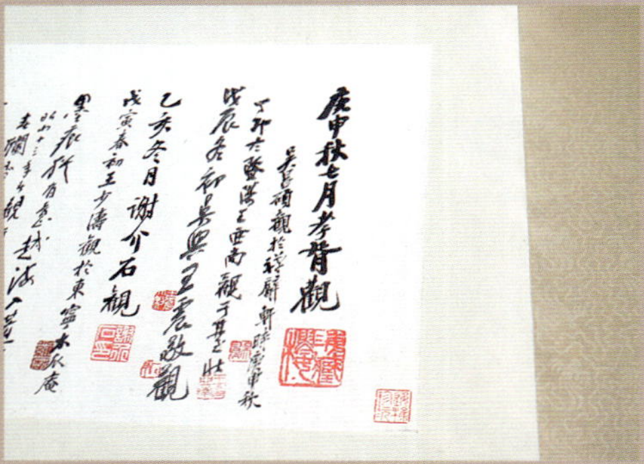

图 51

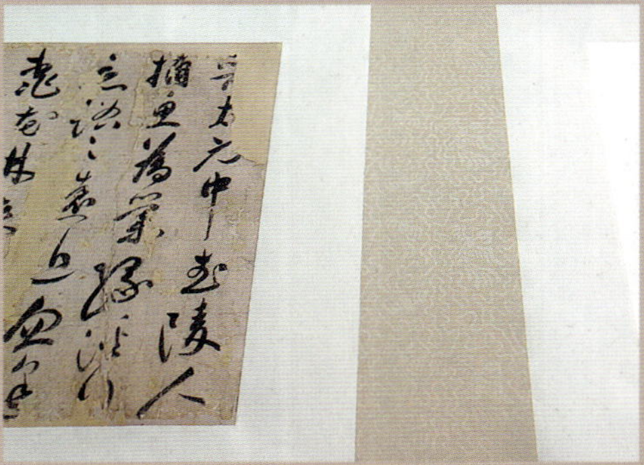

图 52

最后面的空白隔水与拖尾若再加一段隔水会显得不协调，因此仅利用绫布作区隔，后接空白拖尾（图 51）。隔水皆使用色绫，重叠接合处约 0.2 厘米（图 52）。万一相接处太厚，可以用砂纸两边稍微磨薄。镶接过程中要注意手卷的水平。

图 53

图 54

楮皮纸上蜡砑光，裁切成条状，以备包边使用（图 53）。包边的目的是保护边绫，以免磨损或是脱丝。从背面开始上浆糊黏贴，裁去多余纸张，正面边缘包覆约 0.2 厘米（图 54），其他韧性够的长纤维纸也可使用。镶黏好全卷后，黏贴上墙待干燥。

图 55

图 56

10. 包首锦、天杆、地轴

包首锦单边先折边约 0.2 厘米，黏贴于背面（图 55），避免脱丝；也可从正面以纸张包边，但是外观较丑。

天杆夹口，撕毛边于背面贴 0.2 厘米以作为过渡的部分，留足要包裹天杆的长度（图 56）。直接以锦、绫包裹，除了不

图 57

图 58

美观外，也容易产生锐利角度，开卷时容易断裂。

天杆头削细，包上锦布，中间钻孔，以便于装八宝带、“冂”字钉，背后留凹槽隐藏多余的钉脚（图 57）。

辊子以砂纸磨圆，玉轴片调正黏上，以楮皮纸包裹固定（图 58）。

图 59

图 60

11. 覆背上下板

整卷镶接好后，表面会相当不平整，必须喷水润湿使之平整，才能开始覆背工作（图 59）。由包首锦开始处理，先定位另一边的折边，完成后上浆糊贴上（图 60）。

图 61

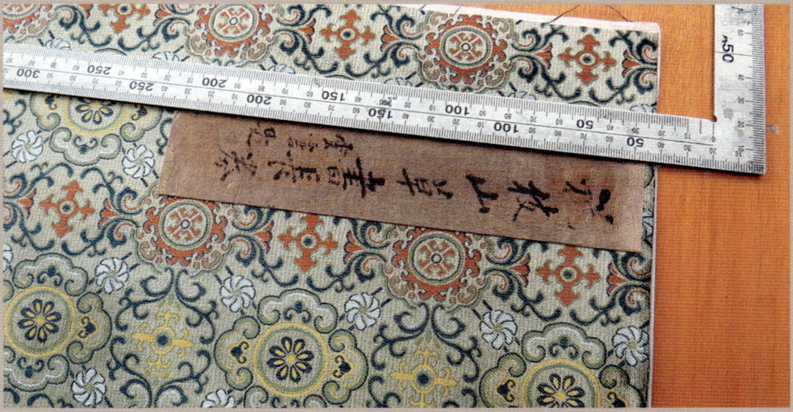

图 62

由于锦较厚，直接以宣纸覆背时，可能造成锦与宣纸的连接处断开，所以要再制作一个两层的过渡楮皮纸边（图 61）。接着贴上题签，刷平，吸干水分（图 62）。

图 63

撕毛边纸条作为废纸边，全卷喷水润湿平整，毛边黏合背面边缘 0.2 厘米（图 63），目的是加厚覆背纸层，避免覆背完成上板后，因为收缩不匀而在边缘处产生断裂。

图 64

宣纸上糊覆背需从头到尾一气呵成，可以利用尺来定位导引（图 64）。覆背前所有接缝不平处皆需要喷水润湿，确认平整后才能开始托纸。

图 65

包首锦的另一面是绫布，为防止上板时收缩过度剧烈，利用小托过的绫布制作过渡废绫边，从绫布正面抹上浆糊贴上（图 65）。若仅利用绫布则会太软，没有足够的缓冲效果。利用绫布正面贴合的糊痕也会比较不明显。另外，也可以把过渡的废纸边夹在锦和绫的折边面，也就是中间夹上两层纸，最后再剔除。不过侧面会见到纸痕，不太美观。

由于板子不够长，所以拖尾需要另外处理，最后再一起接合。三段都覆背完成后，需等候完全干燥。

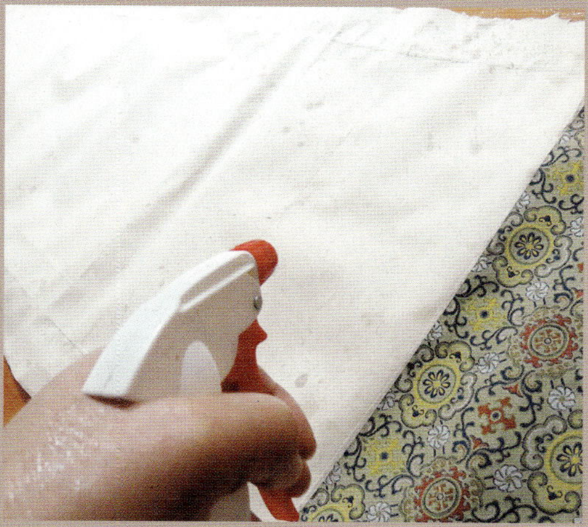

图 66

图 67

图 68

图 69

将完全干燥覆背完成的单片喷水润湿后（图 66），即可进行卷的动作，让潮气互相吸收得更加均匀，不过要确保字迹不会掉色才能如此操作（图 67）。此时可以拉一条有颜色的绳子来调整水平（图 68），上下两边都调整完毕，废纸边上折 2—3 厘米上糊（图 69），准备黏贴上板挣平。上浆糊面积太少会绷开，太多不容易拆下板。

图 70

图 71

黏贴上板并放入起口纸，用刷子从正面刷平密实（图 70），顺便检查全作接合状况，浮开处可从正面以浆糊补强。

静置干燥时必须由两侧先干，否则会从废纸边接缝处爆裂。期间万一发现画心先干，则需要重新加以润湿，时时控制及调整干燥的位置与顺序。

拖尾段重复上述动作。

干燥的同时可以开始在画心上全色。

干燥静置时间至少两周，下板时从起口纸处执竹启子以 45° 横移剔开作品（图 71）。废纸长边稍微切除多余废纸。

图 72

12. 上蜡、砑光

下板后从背后打蜡，注意画面的保护。

上完蜡后以砑石打磨光滑（图 72）。

图 73

废纸边一段段剪开，往内折进时约略短于折边，剔除多余部分（图 73），此时若有浮开需要补浆糊。也可平裁，较容易操作。

图 74

13. 天杆、地轴

天杆放入制作好的夹口中，平面朝绫布置放，并以针锥画线定位。绫布多余处涂抹浆糊反折，至天杆平面同宽。锦布从后面包覆到天杆平面处，超出锦布的裁切掉。绫布和锦布同时涂抹浆糊，包裹天杆黏合于上。干燥后，缝合八宝带及玉别子（图 74）。

图 75

图 76

地轴的安装是将空白拖尾纸以 90° 角尺定位，竹启子画线反折，折线处涂抹浆糊，卷起包裹黏合即可（图 75）。

14. 桐木盒

全卷完成后配桐木盒（图 76）。手卷宜以无酸纸包裹，除了保护之外，也可方便取出盒子。

裱后语

古书画作品因为年代久远，经常出现不同的损伤状况，因此在开始修复前，周详的评估与完整修复的计划是绝对必要的，决不可贸然进行。此次祝允明手卷便是在与委员会充分沟通后才决定舍去原先材质不佳的镶料，加上原先装裱格式也有多处不妥，才会调整成目前的装裱样式。当时若是执意恢复原样装裱，不仅会对作品本身直接造成伤害，其原先不妥的格式也无法衬托出书法的艺术造诣；虽然表面上遵守了某一个原则，实质上却是违反了更多基本装裱的理念。总之，装裱修复不能泥古不化，面对不同作品时，需要时时调整自己的观念与操作方法，否则对于古文物的伤害恐怕比未修复前更大。在每一次的修复过程中，总是告诫自己要保持谨慎的虚心学习态度来面对一次又一次的挑战，希望每一个步骤的决定都是修复古文物最好的方法，才能顺利完成修复文物的神圣使命。

天下第一祝枝山

叁

书画和档案修复常用工具

草圣祝允明《桃花源记并诗》卷

棕刷

棕刷系指采用棕树上的细纤维编扎而成的装裱专用刷。新购棕刷须经开水煮烫，较不易掉颜色。每日使用前，应先在棕毛上蘸少许水分，持棕刷在手心上来回刷数次，借以清除刷毛上前次使用后所残留之纸纤维和浆糊，亦可避免刷口棕丝过硬而刷破托纸。常用于排平托纸。

毛刷

毛刷系指书画和文件恢复中所使用的专用刷，通常有两种：一种是羊毛刷，另一种是猪毛刷。刷子宽度常见的有 20 厘米、26.67 厘米、33.33 厘米及 40 厘米等。若书画和档案年代久远或纸质过于薄弱，应选用羊毛刷托裱，较不会在刷浆糊时弄坏书画和档案。而猪毛刷则可用于一般情况下刷匀浆糊。

排笔

排笔是由少则 3 支、多则可达 36 支的竹管羊毫笔拼排扎接而成，用途与羊毛刷类似，其中以 18 支至 24 支为最常用。每支笔管的长度在 10 厘米至 12 厘米之间，圆周直径约为 1 厘米，笔锋长 7 厘米左右，笔毛洁白柔软者为佳。

喷水壶

市售喷水壶可分为气压式（针对大面积）及手动式（针对小面积）两种。用于托、揭工序上，均匀喷洒细水滴于档案及书画或托纸上，使其易于扫刷抚平。

书画及档案用纸

一般说来，大多是用手工制作的宣纸、棉纸、棉连纸、楮皮纸等，其中又以手工棉纸较为常用，仿古或原色楮皮纸次之。至于可适用于双面托补的档案用纸为典具贴纸。

针锥

主要用于方裁书画和托纸时扎眼定位；挑除在刷浆过程中脱落的刷毛和纸疙瘩等异物。可自行制作，亦可选购医学或裁缝用之探针。

镊子

此为修裱处理的辅助工具之一，主要用于纸质托、揭及刷浆糊时去除纸上的杂物、纸屑或脱落的刷毛等。市售成品多由铁、铜、不锈钢等金属材料制作。镊子应选用前端弯曲呈 35° 角，镊头尖、合拢紧、还原弹性好者为最佳。

小圆木杆

自制浆糊时用来搅拌浆糊之用。

竹启子

又称竹刀或竹剑。主要用于揭启贴在活动式晒板或固定式晒板上的书画或档案，并可用其裁切待割托纸。此外，对于书画托裱后，发现有局部崩裂或中空现象，亦可用竹启子填浆糊使之黏合加固，其他修裱工序亦能派上用场。现市售之竹启子有塑料及牛角等材质。

裁刀

又名裁切刀。是用来裁切纸的主要工具。裁刀形式因各地习惯不同，在形式上亦有所差异。目前在台湾常见的有裁切刀、皮革刀、大美工刀及利用废弃钢锯片、宽约 3 厘米所磨制的刀具。另外，专用于裁切 A3 相纸的裁切刀，也可用来裁 A3 或以下尺寸的档案。

裁尺

亦名长尺、板尺或界尺。最好选用干透、坚固且不易弯曲的木料（如桧木、核桃木、楠木、红木、柚木等）来刨制尺蕊，使裁刀不易劈入，左右两边各贴上白色平光美耐板。亦可选用压克力作为裁尺，比较不易变形。

裁板

亦称垫板、裁切垫或裁切板。是用来置放在工作台上，进行裁切各种书画或档案托纸及保护工作桌的桌面，同时也可当作压板使用。市面上现有切割垫（一般称为剪纸专用垫）亦可使用。

浆糊

分为自制浆糊和化学浆糊两种。自制浆糊又称手工浆糊，是以去筋小麦淀粉或澄粉（无筋面粉）为原料，加工制作而成；制作过程一般采用“锅煮法”“汽蒸法”和“水冲法”。化学浆糊在装裱材料店都有售卖，分为散装、铁桶装和塑料桶装三种；然工厂在制造过程中为增加白度和存放时间，会加入漂白剂和防腐剂等含有酸性物质的添加剂。

浆糊盆

盛浆糊水之用，任何材质形式均可使用，但以能放下约 30 厘米糊刷的大小为宜。一般使用塑料盆为多。

筛网

用于调和糊水，过滤糊中的颗粒、疙瘩、杂质，使糊水融合均匀。可选用市售不锈钢制品，亦可使用细纱布代之。

拔钉器

用于辅助将装订档案之订书针等金属物拔除，以免用手或其他工具拆除时使档案原件受到损坏。

钳子

一般多使用在画框拔钉或做立轴的木天杆上的铜线鸡脚圈。

纸镇

书画档案修裱完成后，可用纸镇压平，吸干潮气。

搅拌器

制作浆糊时，用来调和澄粉和中性水的辅助工具。为节省时间和力气，可选用电动式的打蛋器。

小熨斗

修复完成后的档案，可用低温熨斗加以整理熨平，使档案显得更为平整。使用时温度不宜过高，且最好将档案正面朝下，以免字迹直接接触到机体，受到不良影响。

量杯

制作浆糊时，用来计算加入水量的工具。

小型磅秤

制作浆糊时，用来测量澄粉使用量的工具。

大钢夹

档案修裱完成后，如需进行装订，可利用大钢夹将同卷档案固定，再进行穿线装订作业，以免纸张位移。

压克力洗濯剂

对于透明胶带及橡皮筋等黏着剂所造成的劣化情形，可利用压克力洗濯剂等去胶液加以去除。方法是用棉花棒蘸取适量的药剂，涂抹在胶带或橡皮筋所黏附的纸张背面，用针锥挑开一角后轻轻揭取，再用小纸团将胶质部分轻压去除。

黏胶清除液

简易又快速的清洁组合，用于清除卷标、贴纸、胶布、胶带、胶纸等黏着物。只要将溶剂涂在瓶子前端所附的工具上，就可以除去各种胶纸，而不会损及档案原件。

塑料水桶

用于提取水源，或是装载各种相关修裱物品之容具。

毛巾

修裱时的辅助工具。

棉花棒

修裱时的辅助工具。

木槌与槌板

善本书修裱时的辅助工具。

围裙

供修裱人员工作时穿戴，避免档案原件、修裱浆糊或是灰尘、虫菌等物沾染到衣服上。每件围裙的长短、大小，可视修裱人员个人的喜好或习惯选择。

甲基纤维素

用于破损档案或书画的暂时性黏合修补，加温水调和静置一段时间后，即可使用。稠稀程度可自行调配。

量尺

用于丈量书画、托纸或其他材料。现在大多使用有弹簧制造之卷尺，可丈量较长档案，且伸缩自如，甚为方便。最好准备英尺、公尺及台尺等三种不同单位的量尺。

剪刀

用于裁剪档案或书画、棉线等的零星工作，建议最好选用裁缝专用剪刀，较为合用。

磨刀石

用于研磨裁切刀具，通常选用市售的磨刀石。为了便于使用，可做木框加以固定。磨石面应保持平整，最好粗、细各备一块。

缝针、棉线

为档案装订时常用的工具和材料。较常用者为10厘米左右的粗针及12股上下的棉线。

洗画槽

采用不锈钢120厘米×240厘米附加橡胶盖之泄水孔，以方便洗图时泄去污水。

裱褙工作桌

大小约为120厘米×240厘米，桌面镶贴暗红色布面美耐板，桌下设置两层板架，可放置待托用纸或其他小件杂物。

活动式晒板

建议大小约90厘米×210厘米或120厘米×240厘米，两面皆可使用。方便托好之档案书画上板待干，至次日方得下板裁切。

固定式晒墙

用以处理较大面积之书画。首先需将档案固定在整个墙面上，凡超过90厘米×210厘米以上的大地图或图表等，皆贴在固定晒墙上待干。

钻孔机、真空打孔钻头

托裱完成之档案裁切后，可利用钻孔机进行钻孔，以便穿线，装订成册。钻头应配合钻孔机选用合适规格，钻孔大小可视实际需要自由选用。

冰箱

冰箱采购时可考虑实际需裱褙书画数量的多少，再决定采购冰箱的大小。如为两门式的冰箱，则冷冻库可放黏结档案，使冷冻的档案较易于揭开；至于冷藏室则可储放手工浆糊，以防浆糊变质腐坏。

水槽

用以储水清洗和擦拭每日工作前后之裱桌、糊刷、糊盆等各项器具。

纯水机

用以过滤自来水中之杂质及微生物，使水质成为纯净无酸水质，方便进行调制手工浆糊和清洗糊刷等工作之用。

叁

书画和档案修复常用工具

肆

天下第一祝枝山

高清大图赏析

草圣祝允明《桃花源记并诗》卷

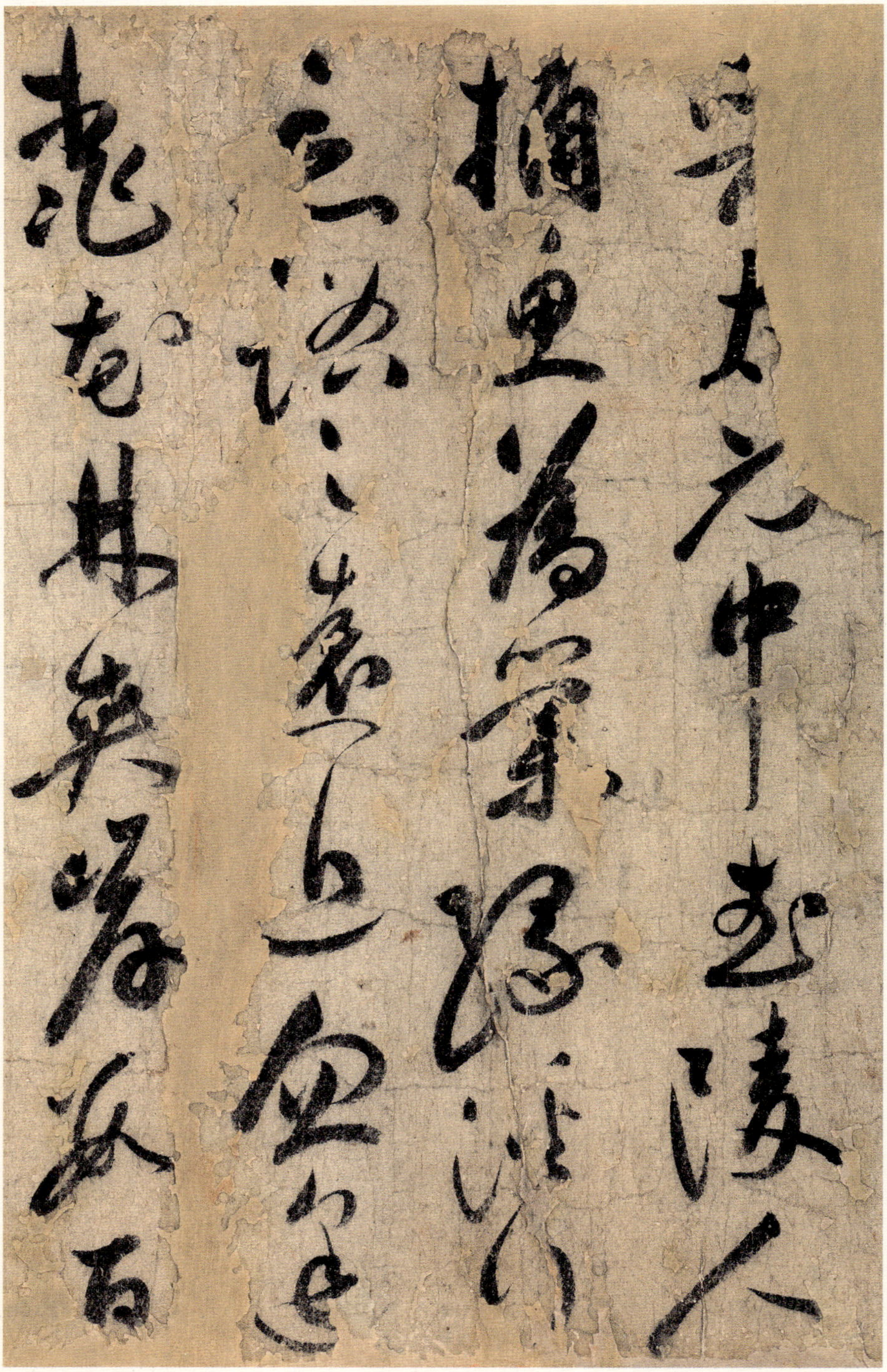

晋太元中，武陵人捕鱼为业。缘溪行，忘路之远近。忽逢桃花林，夹岸数百

"桃"：线条圆厚，轻重变化有致，采取上"木"下"兆"的结体，显得别出心裁。

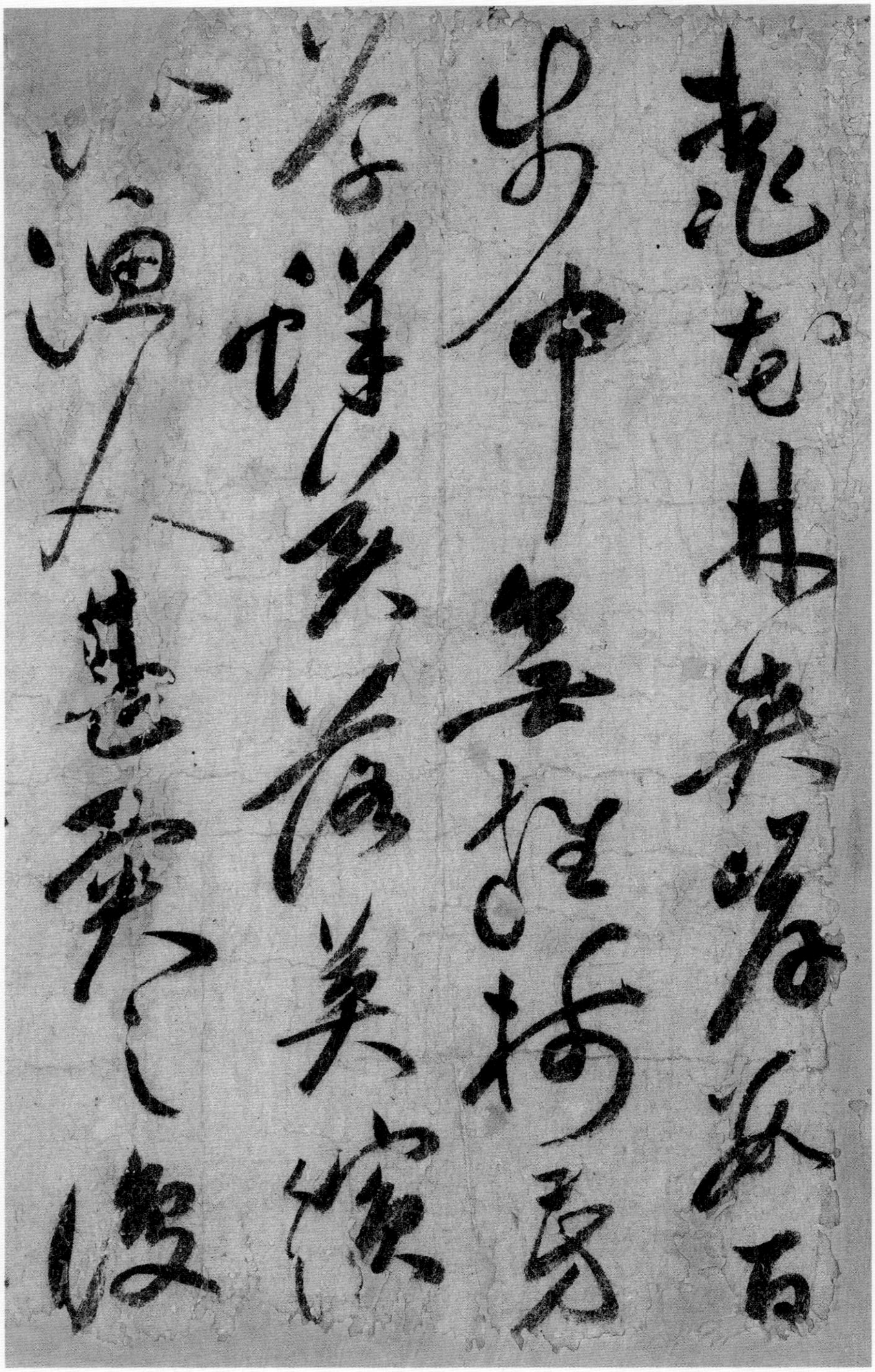

桃花林。夹岸数百步，中无杂树，芳草鲜美，落英缤纷。渔人甚异之，复

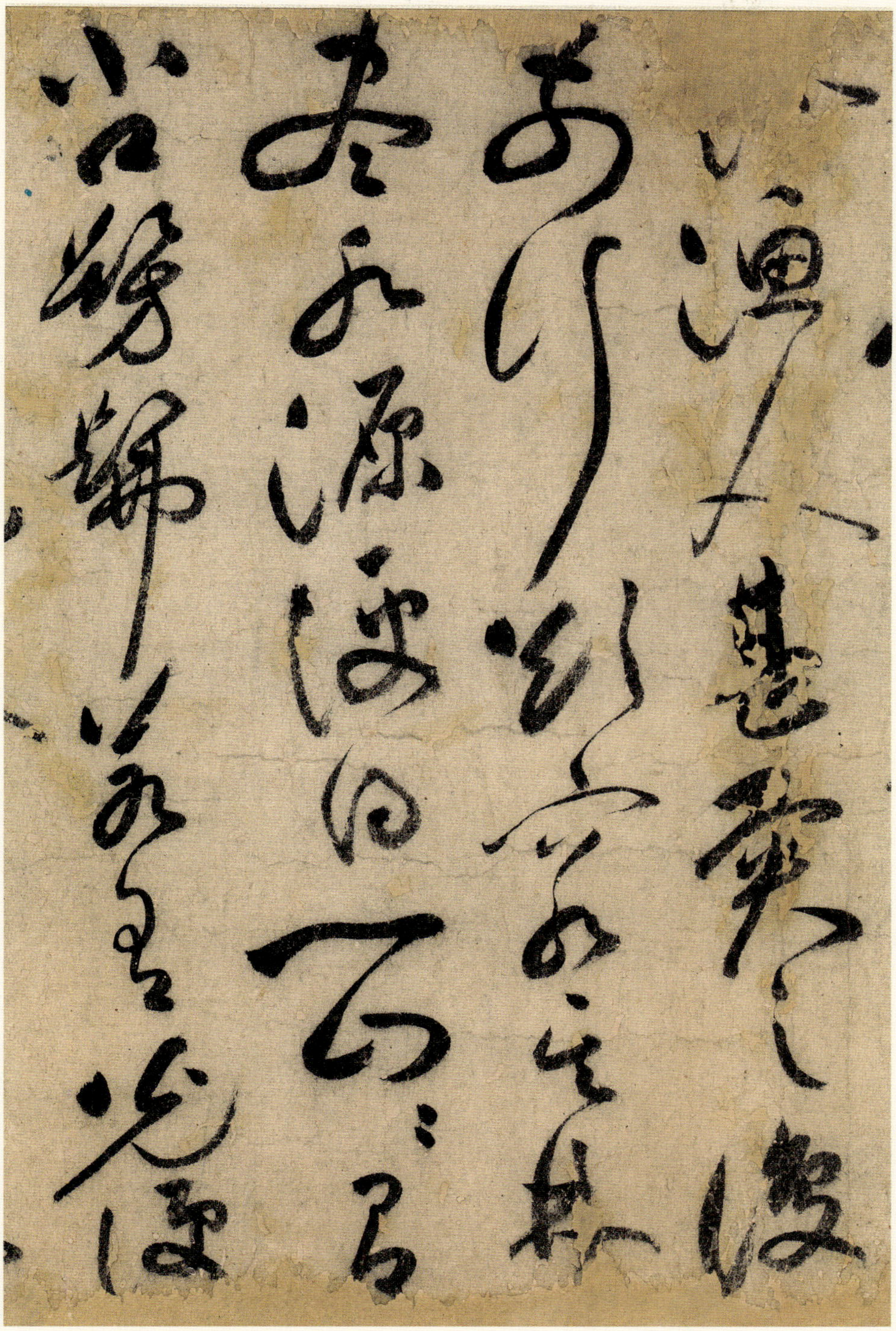

纷。渔人甚异之，复前行，欲穷其林。林尽水源，便得一山，山有小口，仿佛若有光。便

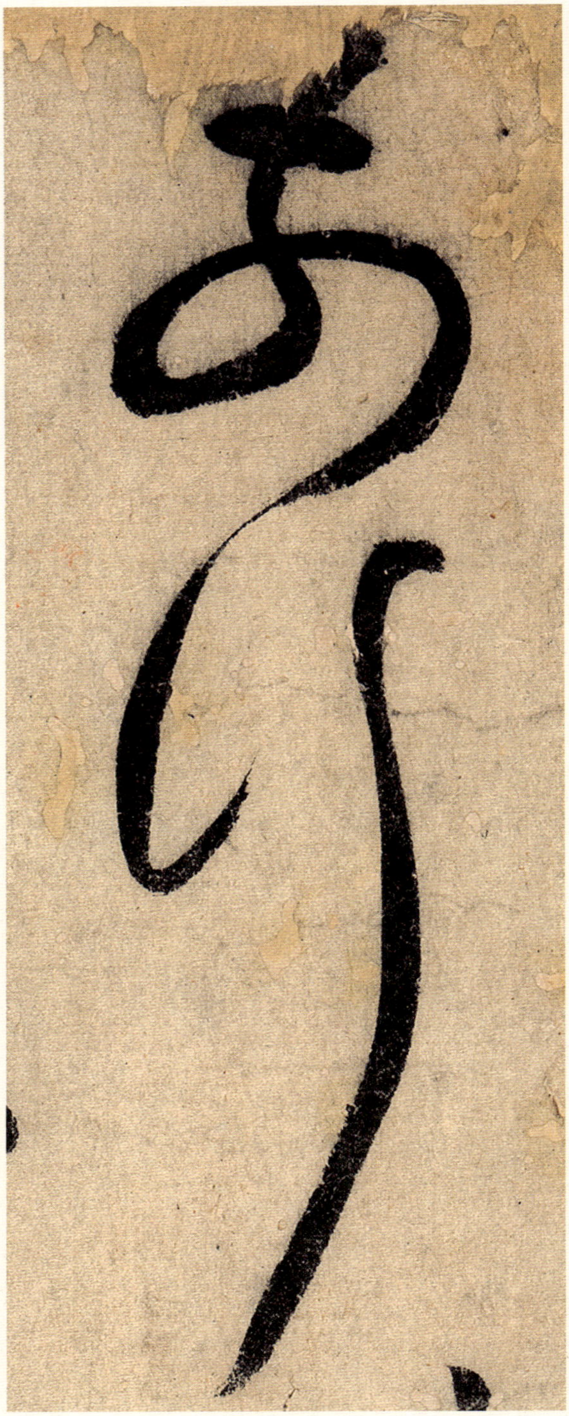

“前行”：起笔短横，圆润凝重，圆转处控笔精准，写完牵丝代笔至“行”字，末笔加入许多动作，婀娜中又不失雄强。

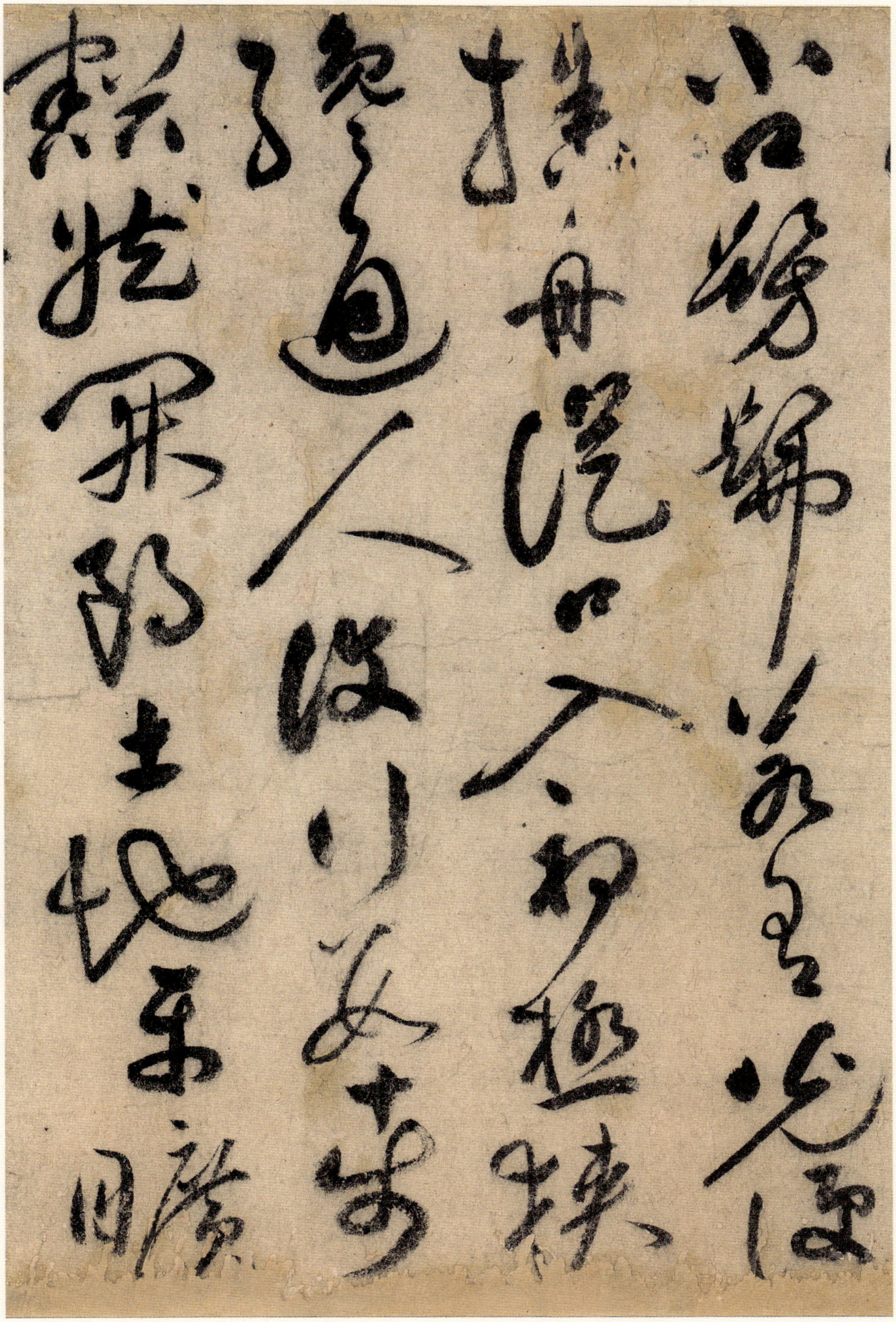

小口，仿佛若有光。便舍船，从口入。初极狭，才通人。复行数十步，豁然开朗。土地平旷，

“人”：左撇笔姿态优美，力量送达末端后急向右上勾出笔锋，右笔搭配简单造型。虽然看似随意，却隐含极高的运笔技巧与视觉审美。

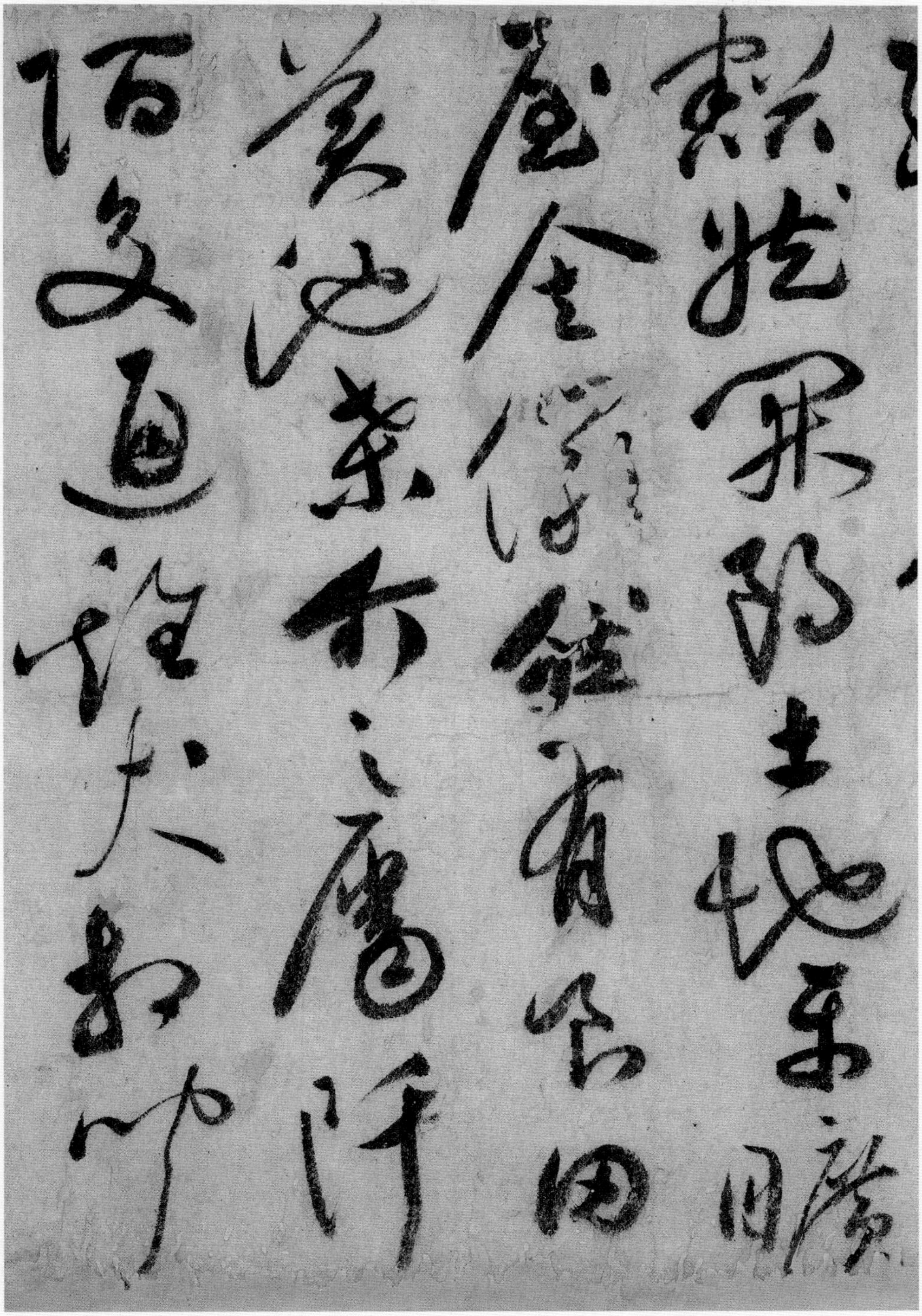

豁然开朗。土地平旷，屋舍俨然，有良田美池桑竹之属。阡陌交通，鸡犬相闻。

“地”：厚线条浑圆有力量，转折动作利落明确，笔锋于行笔间毫无偏失，展现出一流书法家的控笔能力。

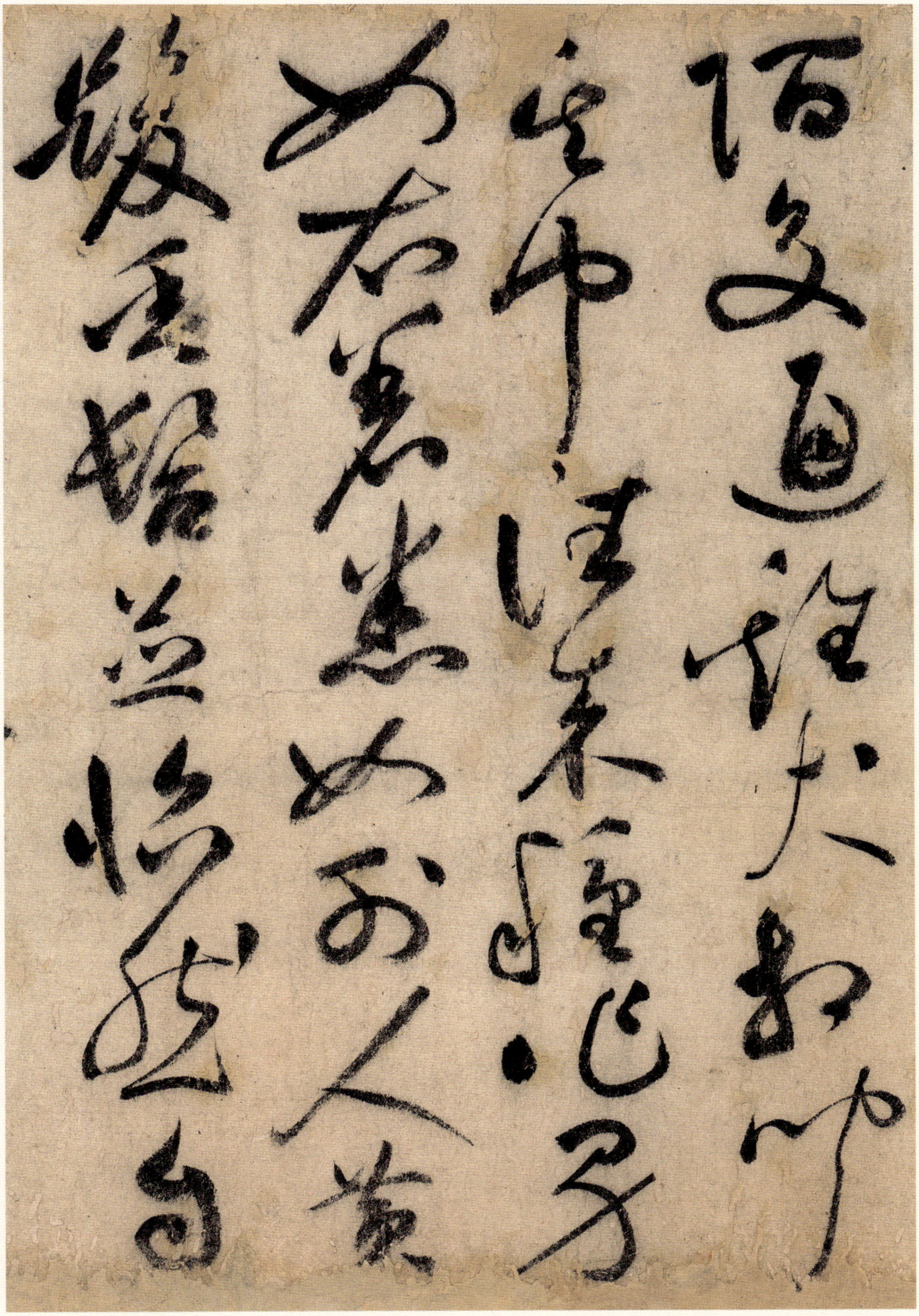

陌交通，鸡犬相闻。其中往来种作，男女衣着，悉如外人。黄发垂髫，并怡然自

“怡然”：“怡”字用笔粗壮率性，以较粗的带笔接至“然”前缀画，接着的大过弯处笔锋中途变换，线条虽细却充满刚性。全字用笔变化较剧，具活泼气质，与“怡”字形成对比。

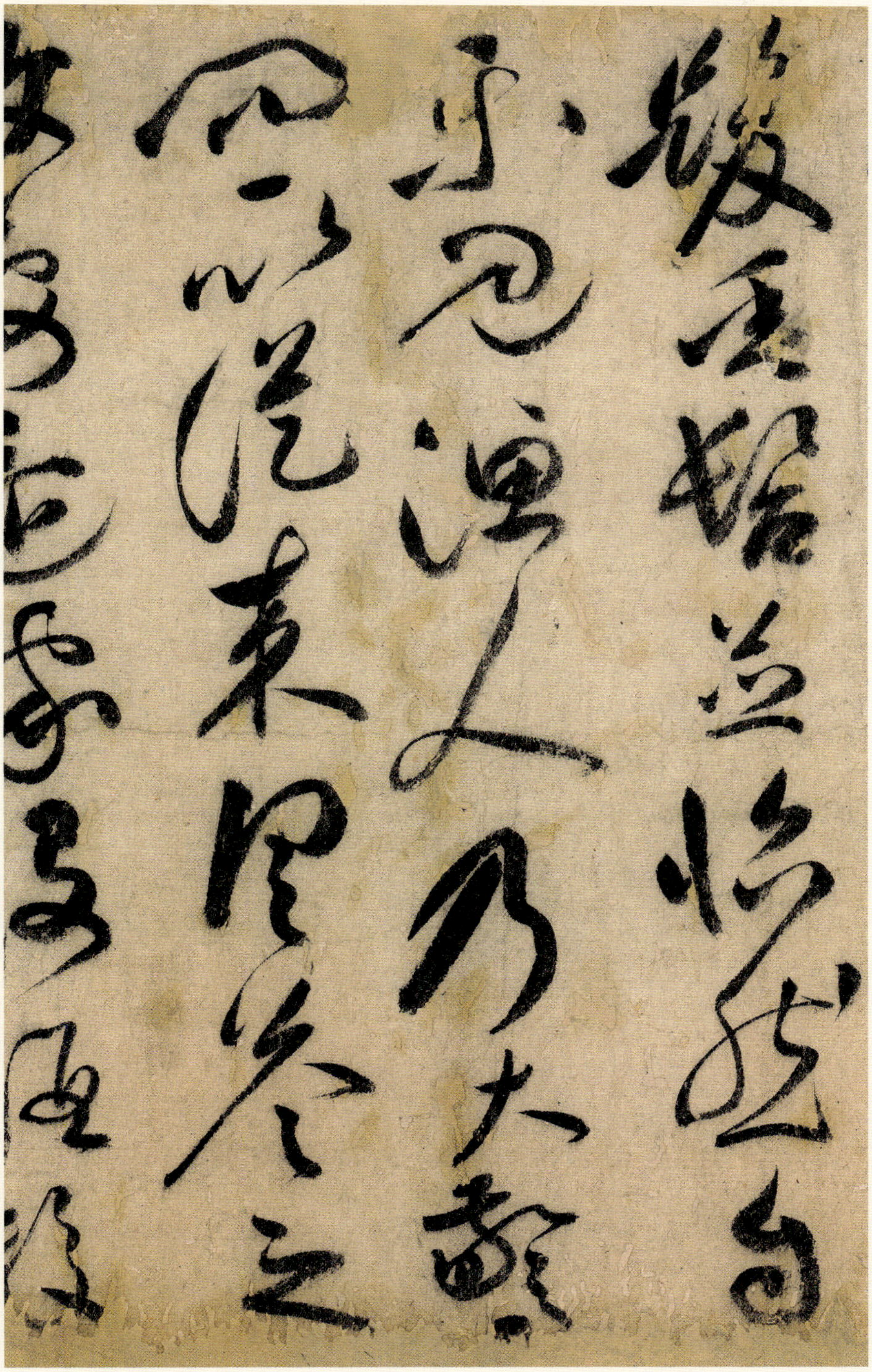

发垂髫，并怡然自乐。见渔人，乃大惊，问所从来。具答之。

"渔人"：下笔自然，笔锋随书写而呈现粗细与翻转的变化。"人"字转弯处搭配运笔速度与提按技巧，完成一个优美而高质量的圆弧线条。

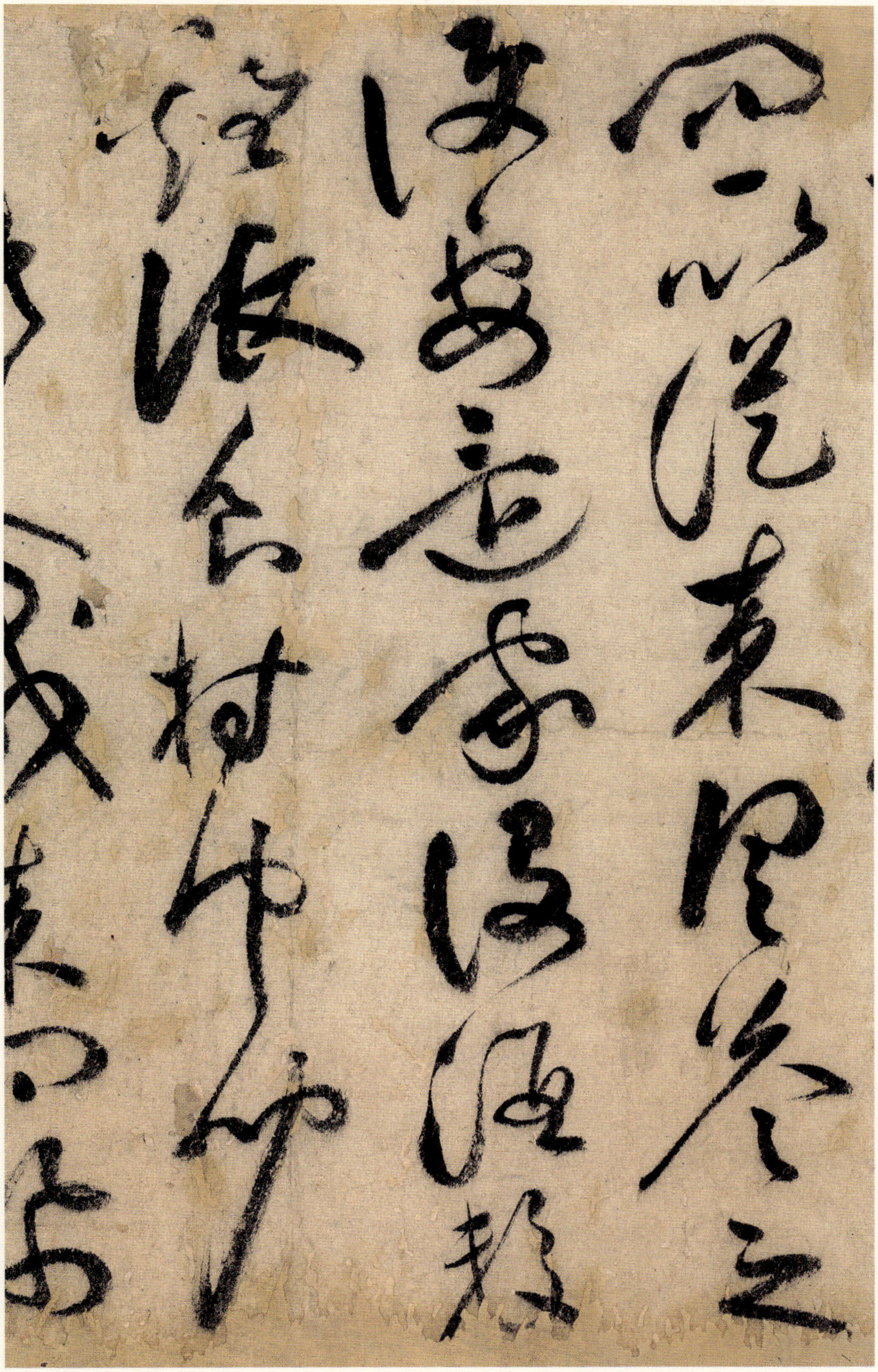

问所从来。具答之。便要还家，设酒杀鸡作食。村中闻

“还”：展现书家运用点来造型的能力，将“还”字草法简化到极致，点的品质与线条同样饱满浑圆。

“家”：起笔藏锋，书写完第一笔后回转向上，直接翻转笔锋书写第二笔，展现出惊人绝妙的用笔技巧。

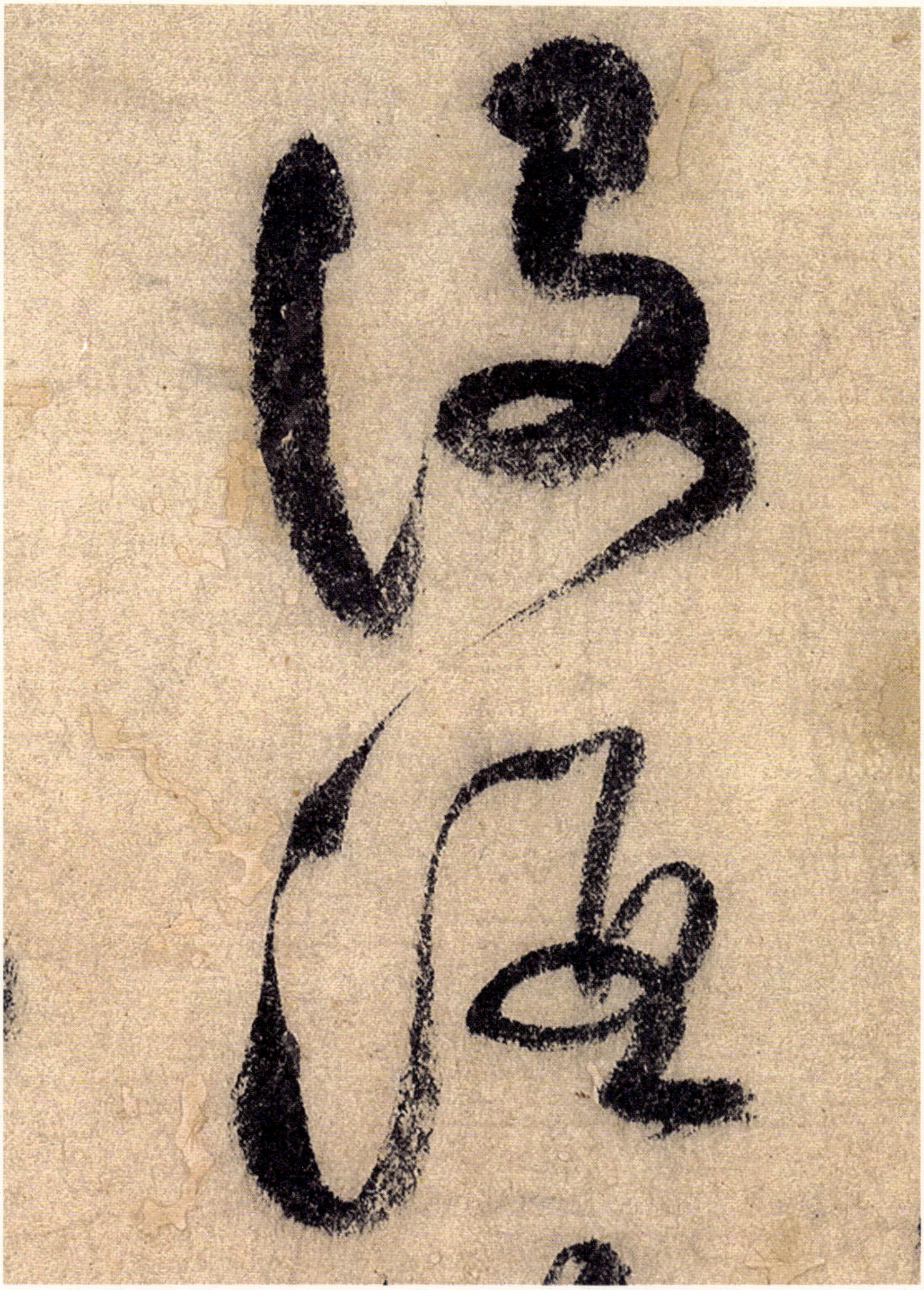

"设酒"："设"字线条圆厚，转折利落分明。"酒"字线条不仅有轻重浓枯的变化，还有翻腾的锋势，展现出独特的活泼笔性。

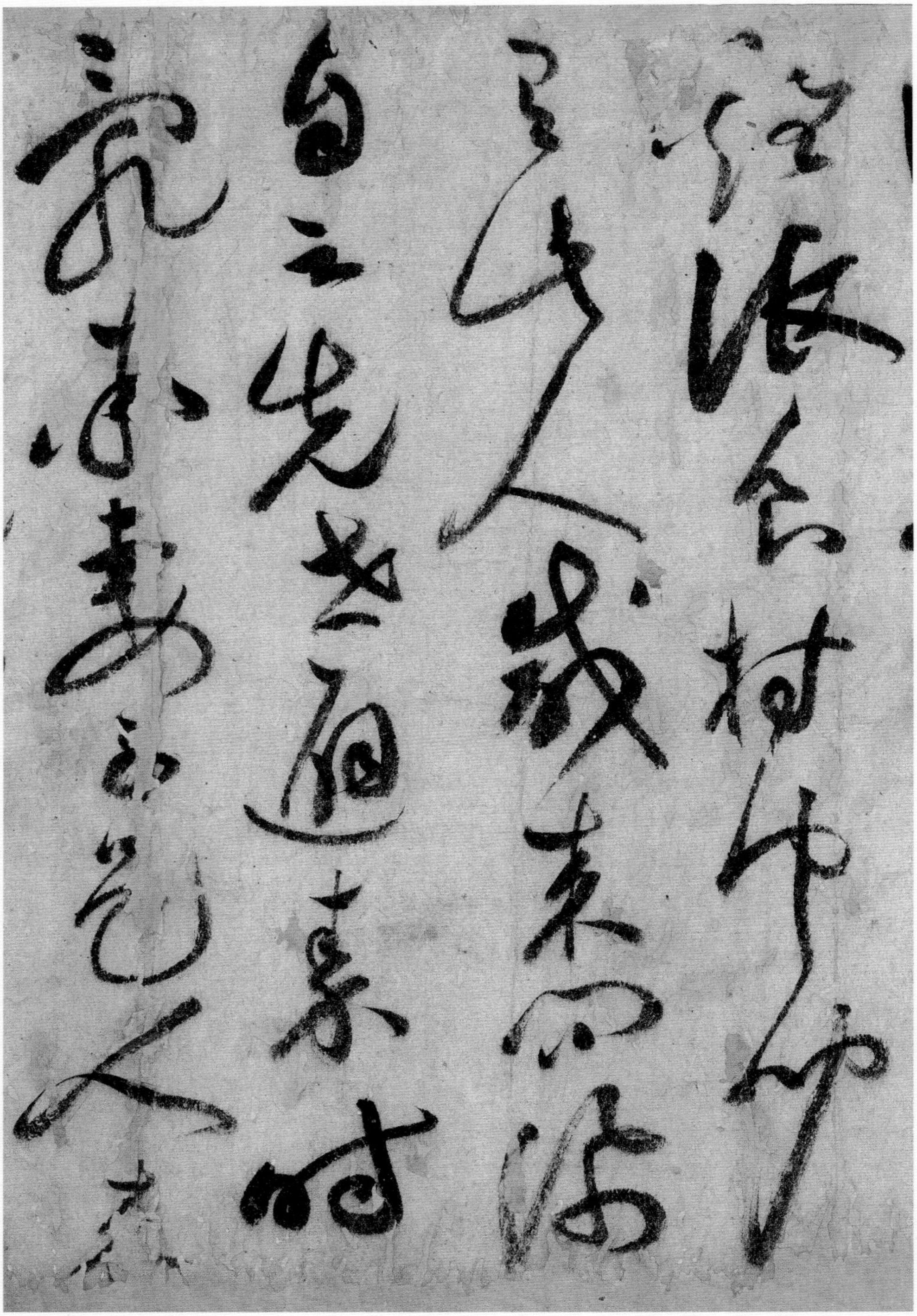

鸡作食。村中闻有此人，咸来问讯。自云先世避秦时乱，率妻子邑人来

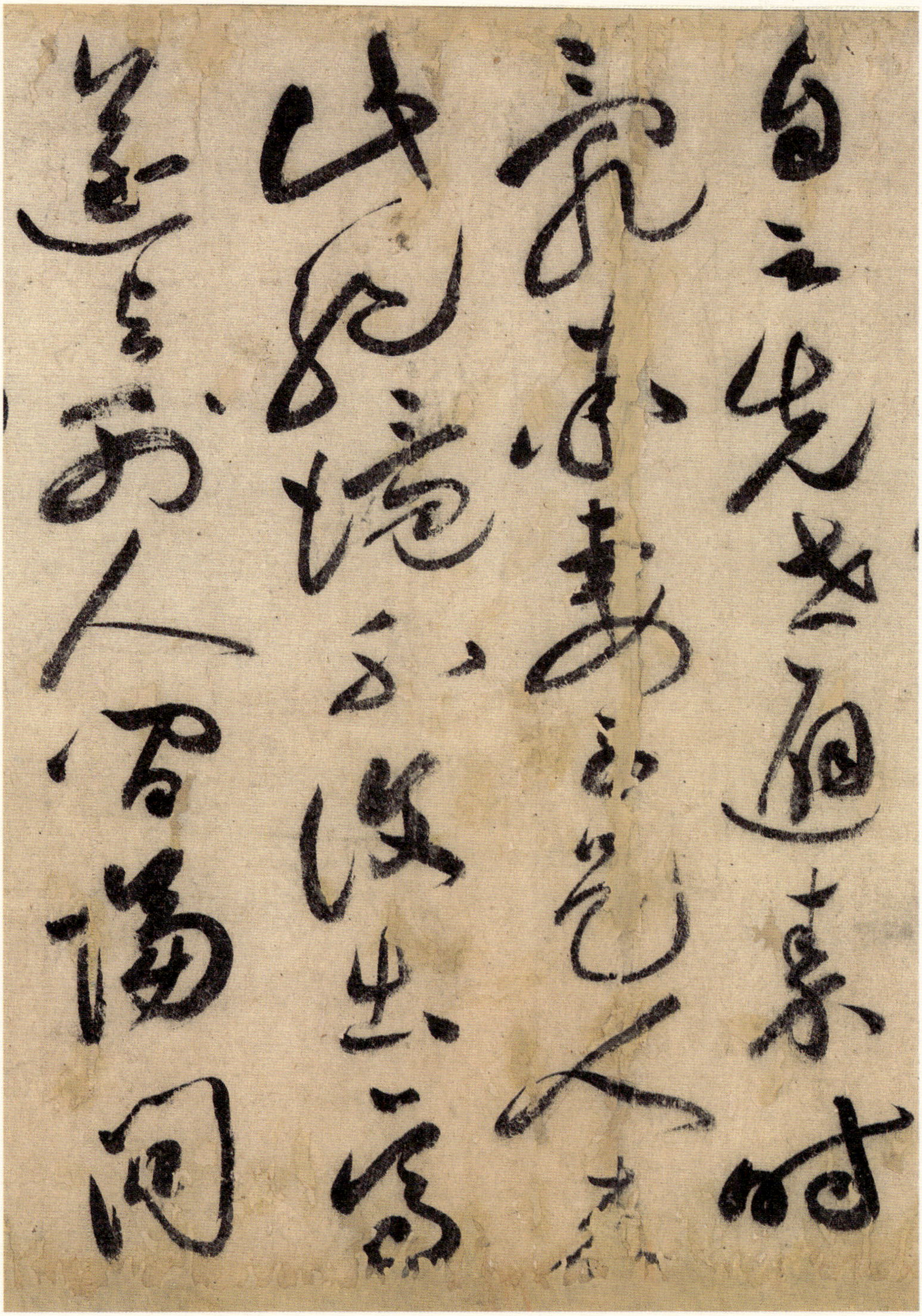

自云先世避秦时乱，率妻子邑人来此绝境，不复出焉。遂与外人间隔。问

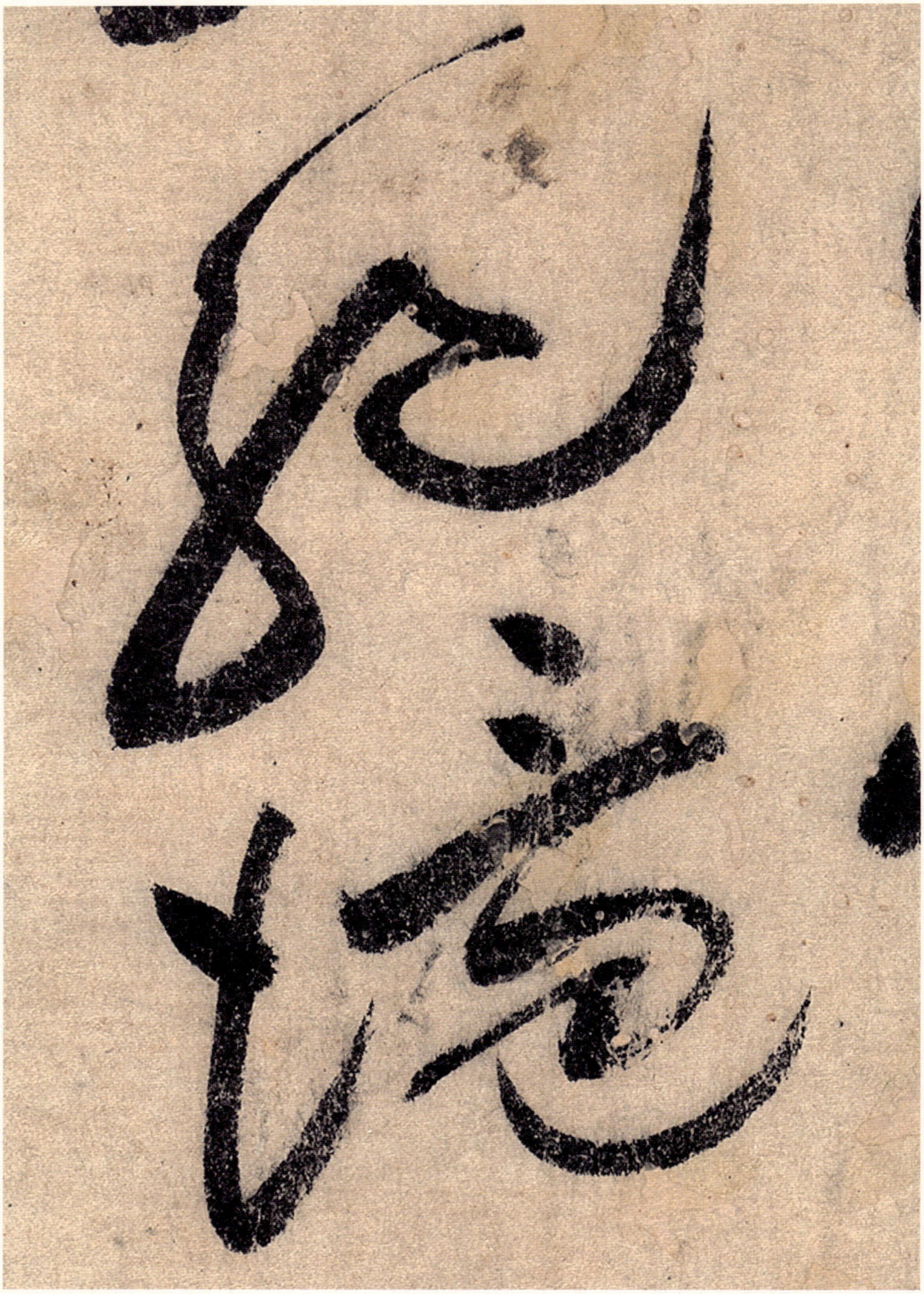

“绝境”：“绝”字第一个圆转处以折代转，“色”字写得极靠右上，“境”字右上挨着“绝”字的右下。两个字成组的堆栈方式，配合用笔的变化，达到一种均衡的状态。

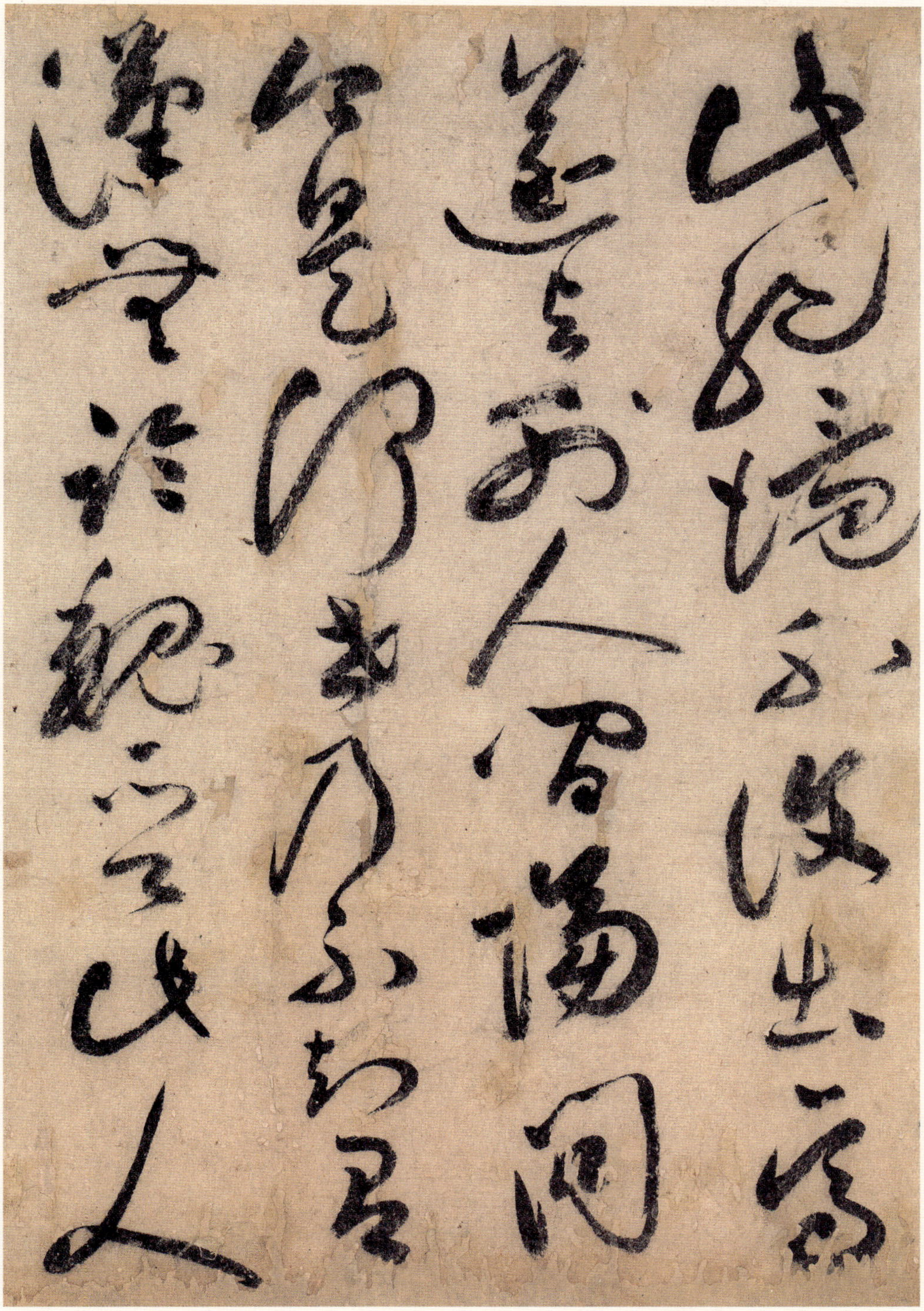

此绝境，不复出焉，遂与外人间隔。问今是何世，乃不知有汉，无论魏晋。此人

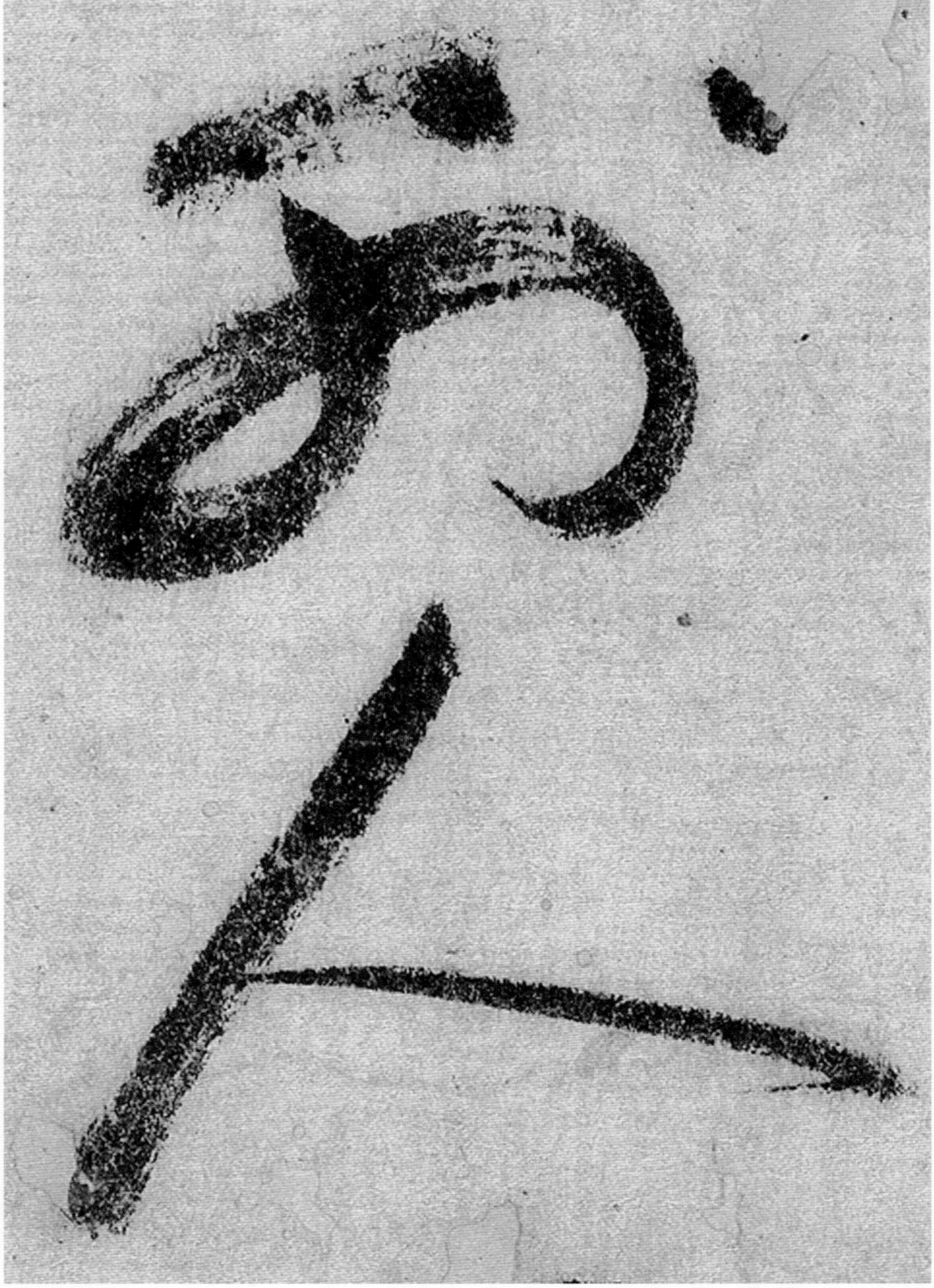

“外人”：线条虽为枯墨飞白，却依旧展现完全的控制力，笔势速度弥补圆厚感的不足，增添了线条的趣味与审美。

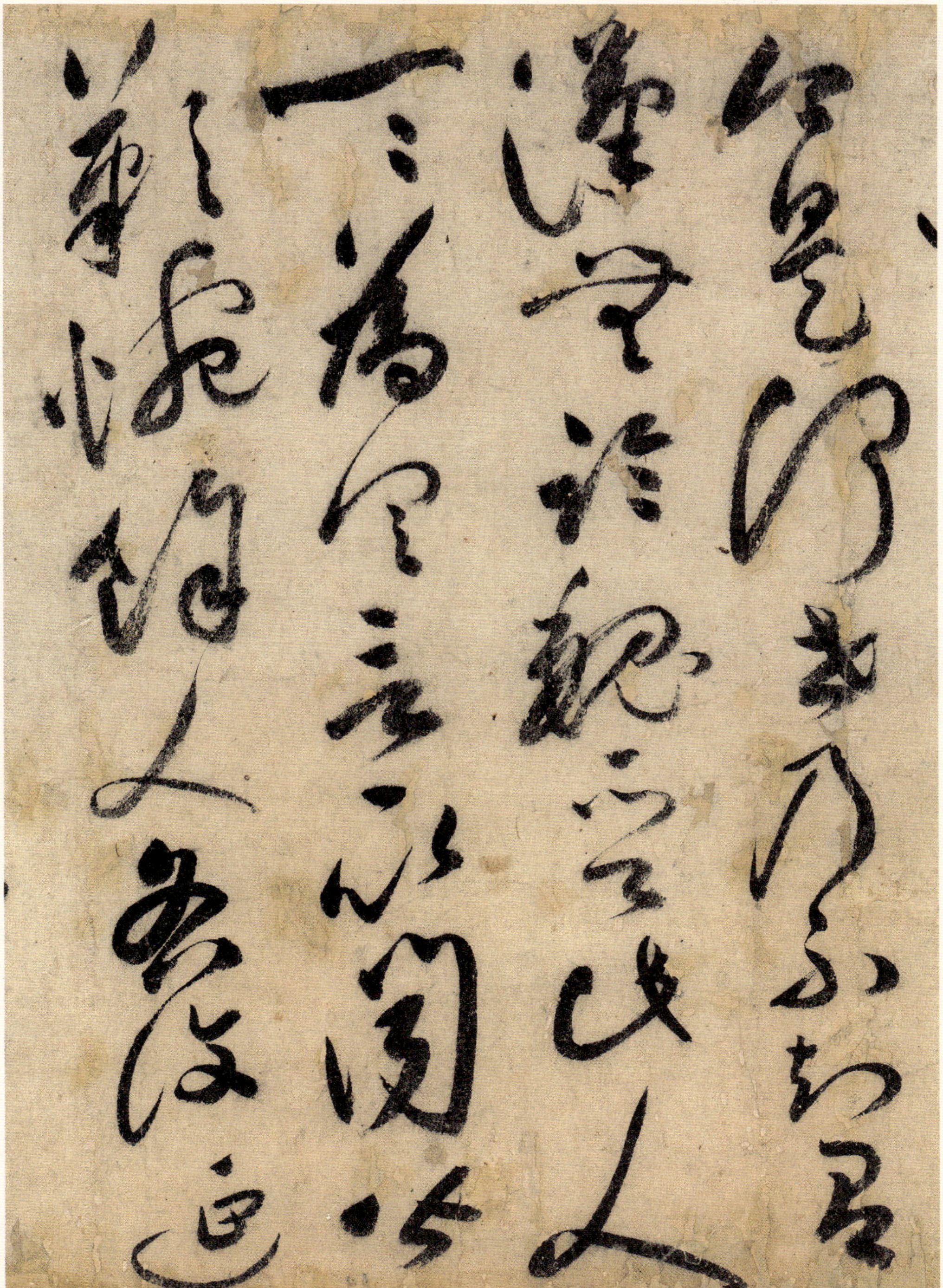

今是何世，乃不知有汉，无论魏晋。此人一一为具言所闻，皆叹惋。余人各复延

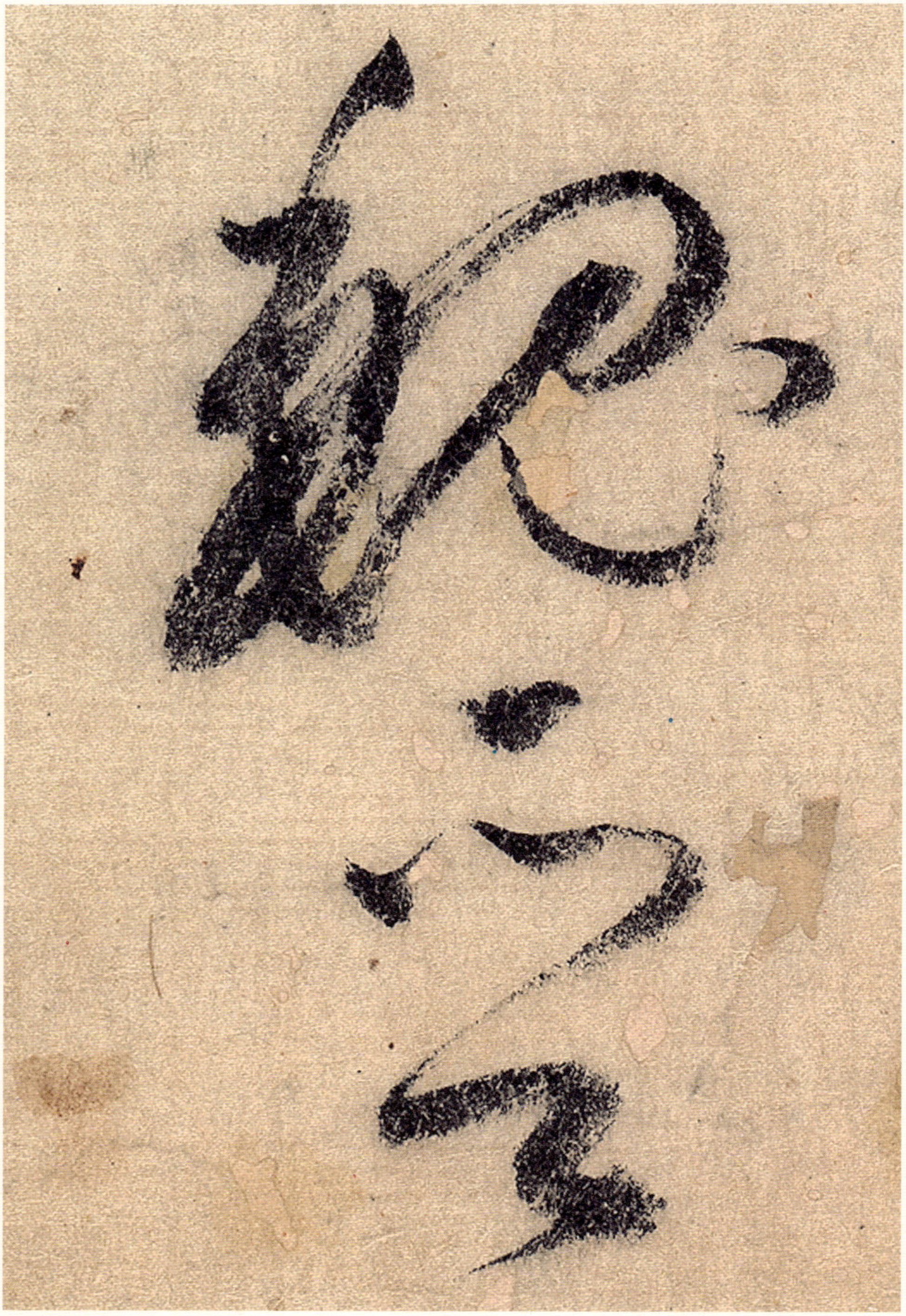

“魏晋”：二字同样枯笔疾书，却完全无损其线条质量，飞白的运用带来轻快的视觉观感。

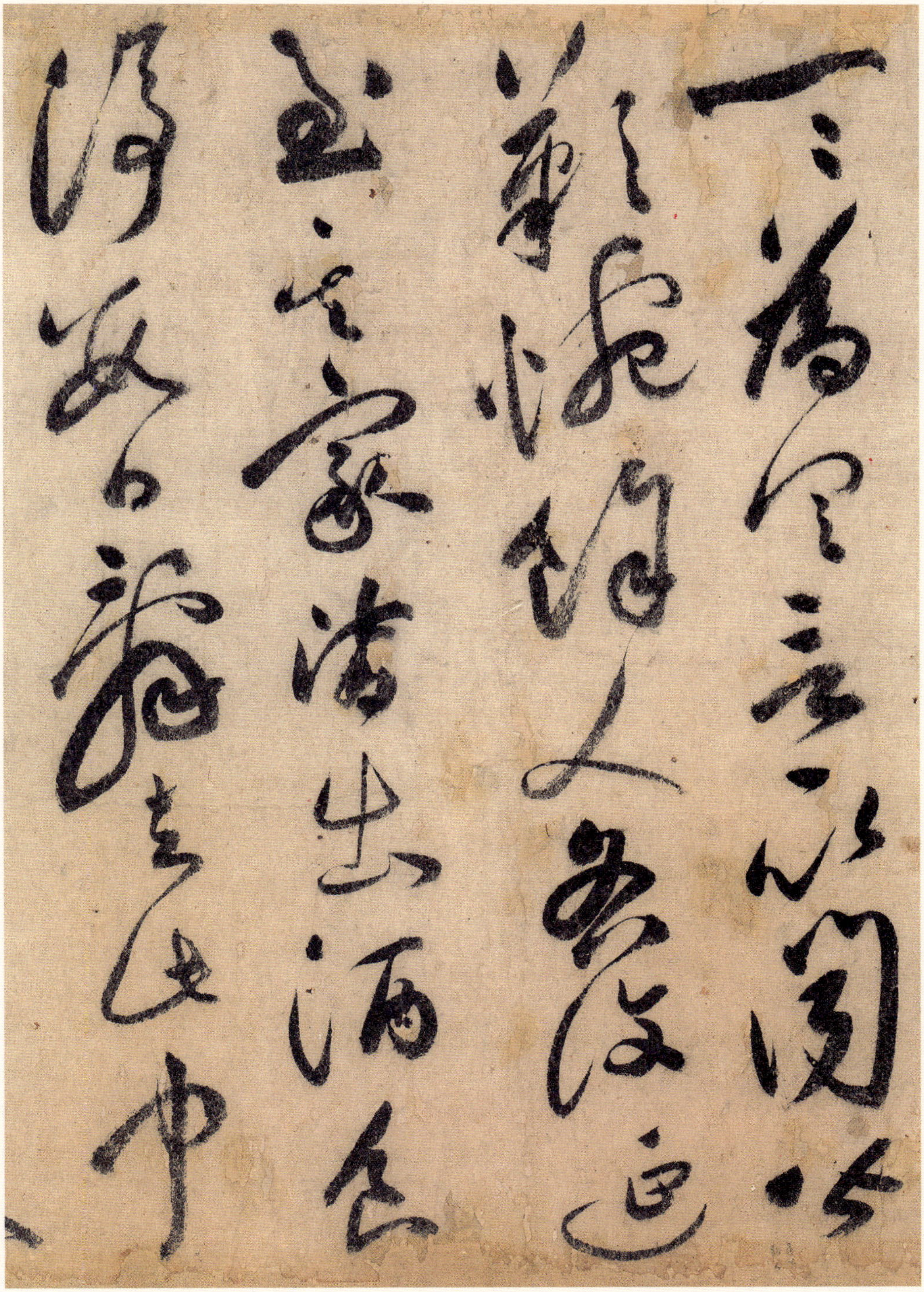

一一为具言所闻，皆叹惋。余人各复延至其家，皆出酒食。停数日，辞去。此中

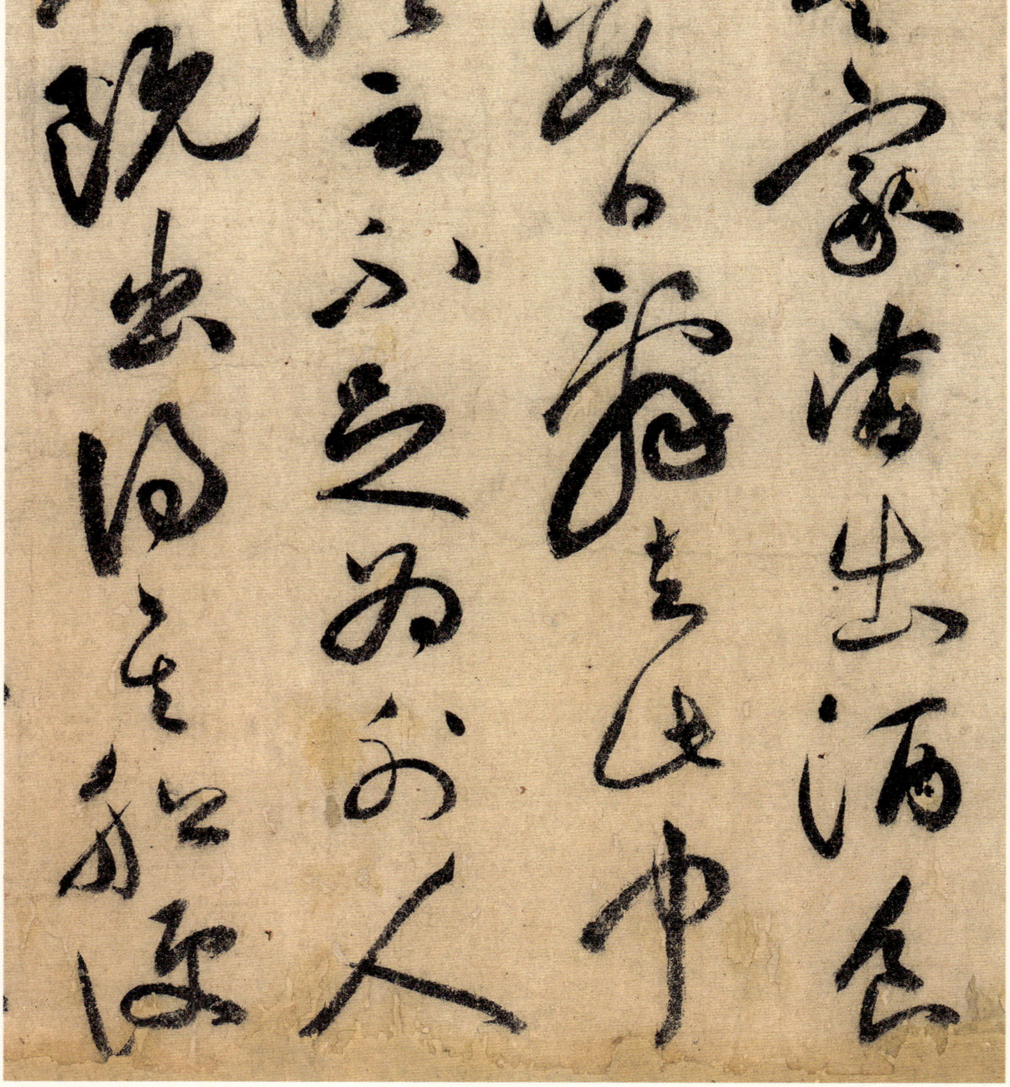

至其家，皆出酒食。停数日，辞去。此中人语云：“不足为外人道也。”既出，得其船。便

“辞”：线条轻重分明，用笔干净利落，由点转为细线，逐渐加粗，至快结束时才又稍微变细，造型夸张而富奇趣。

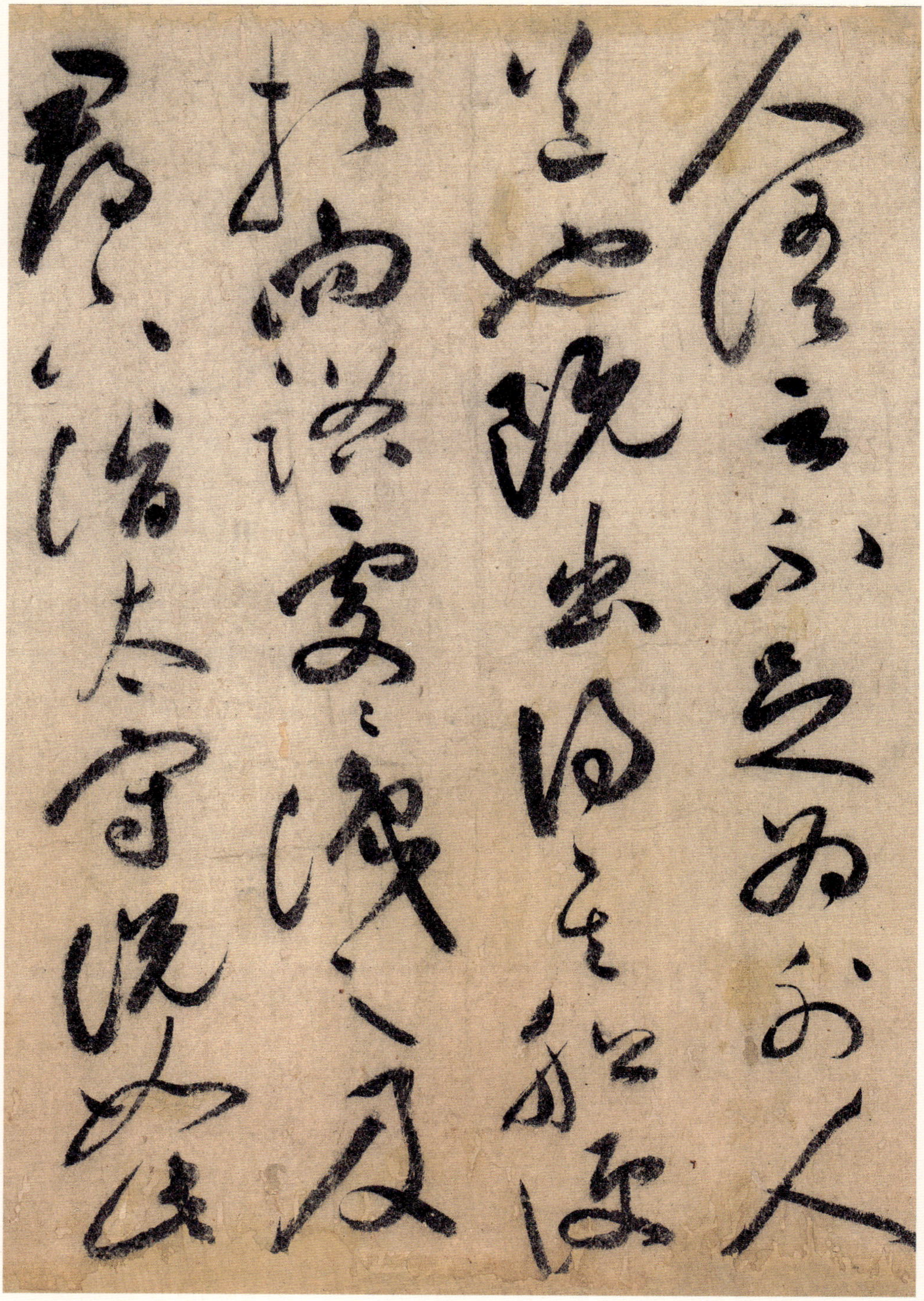

人语云：“不足为外人道也。”既出，得其船。便扶向路，处处识之。及郡下，诣太守，说如此。

“出得”：“出”字竖画起笔爽朗劲利，“得”字的折笔动作利落确实而有力。

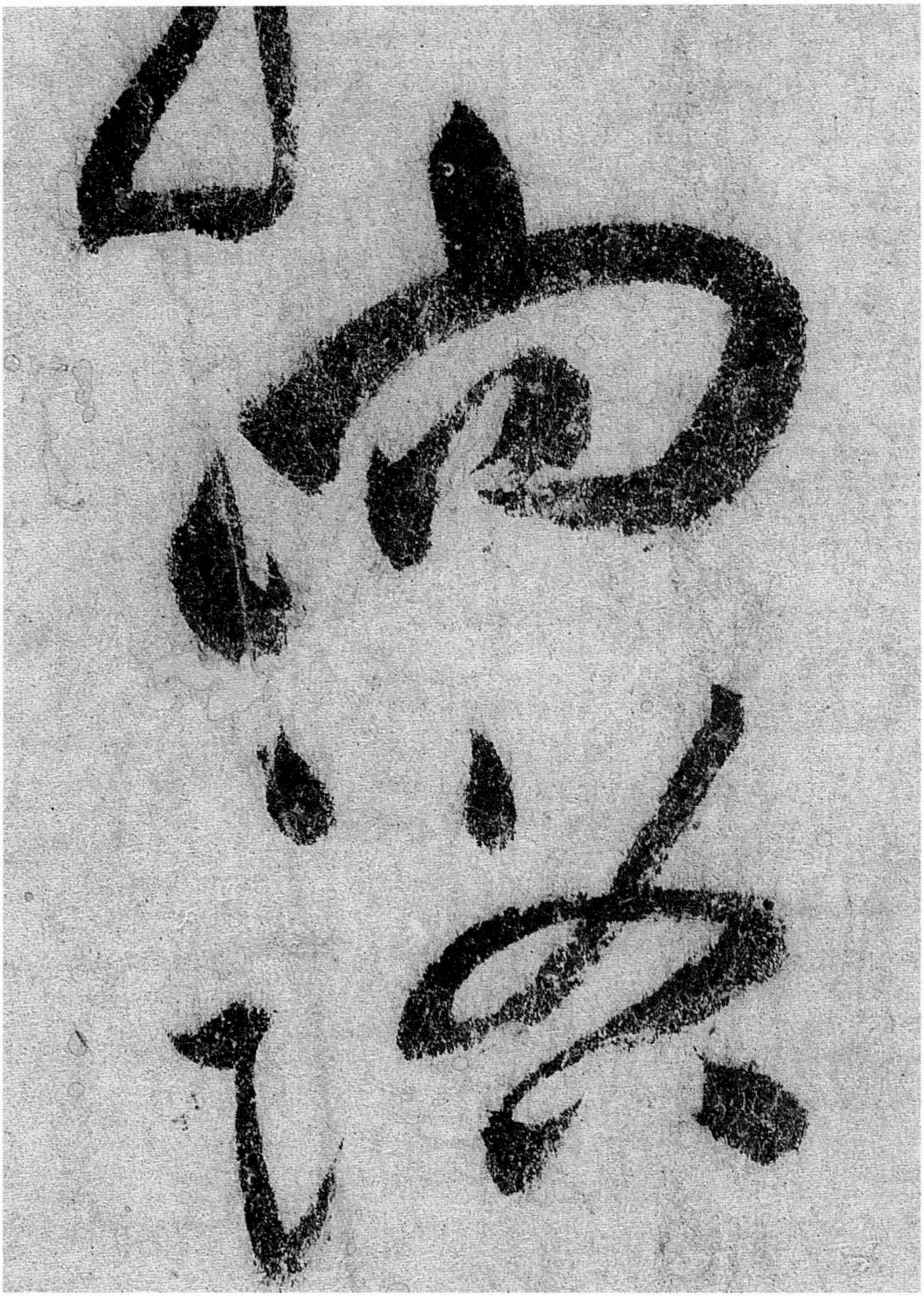

“向路”：借助点来引导视觉，搭配粗细变化，营造出生动画面。

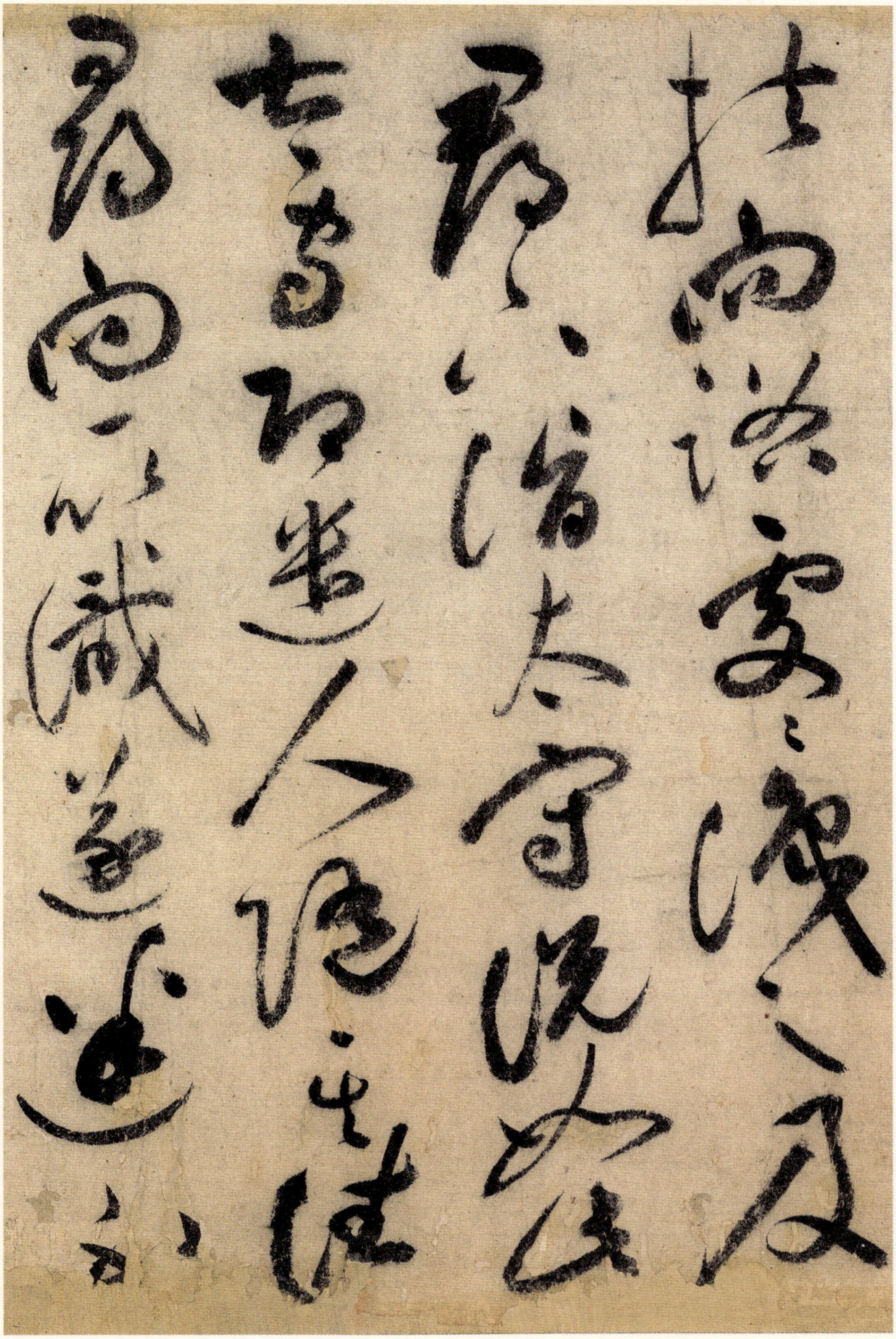

扶向路，处处识之。及郡下，诣太守，说如此。太守即遣人随其往，寻向所识，遂迷，不

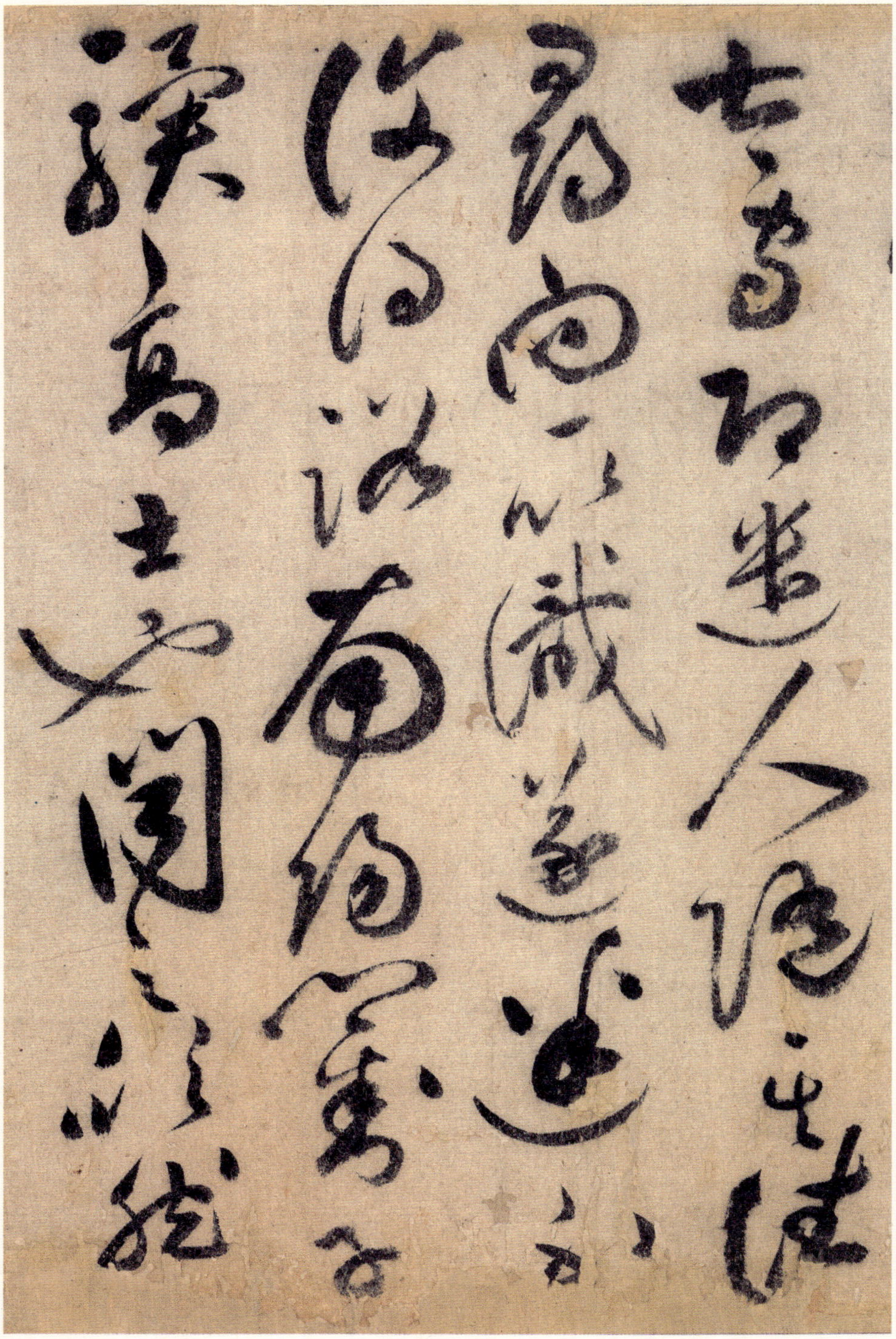

太守即遣人随其往，寻向所识，遂迷，不复得路。南阳刘子骥，高尚士也，闻之，欣然

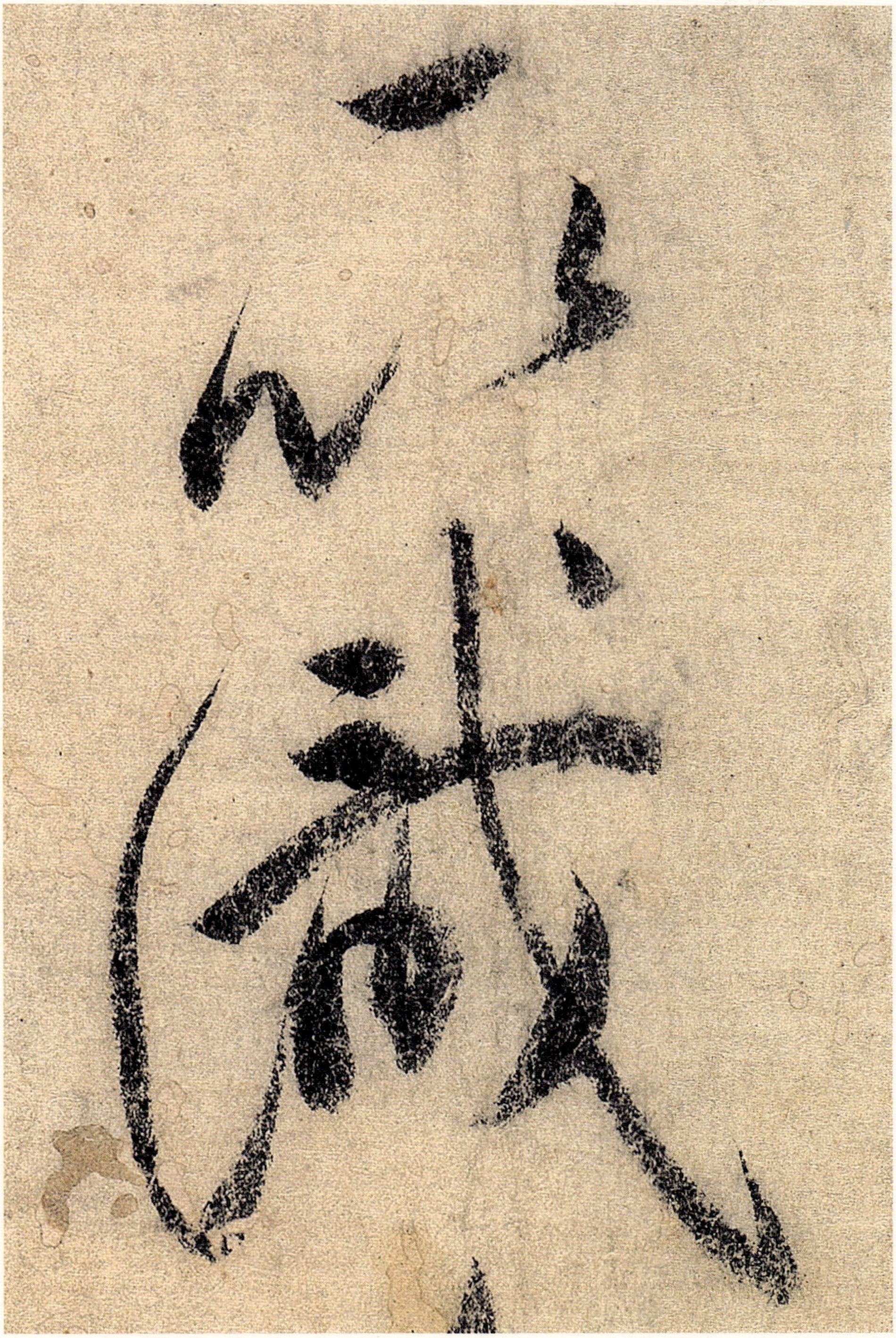

“识”：起收转折动作明确利落，毫无赘笔，字形富雄伟气象。

“迷”：造型富有创意，点搭配得宜，蛮具某种生物意象。

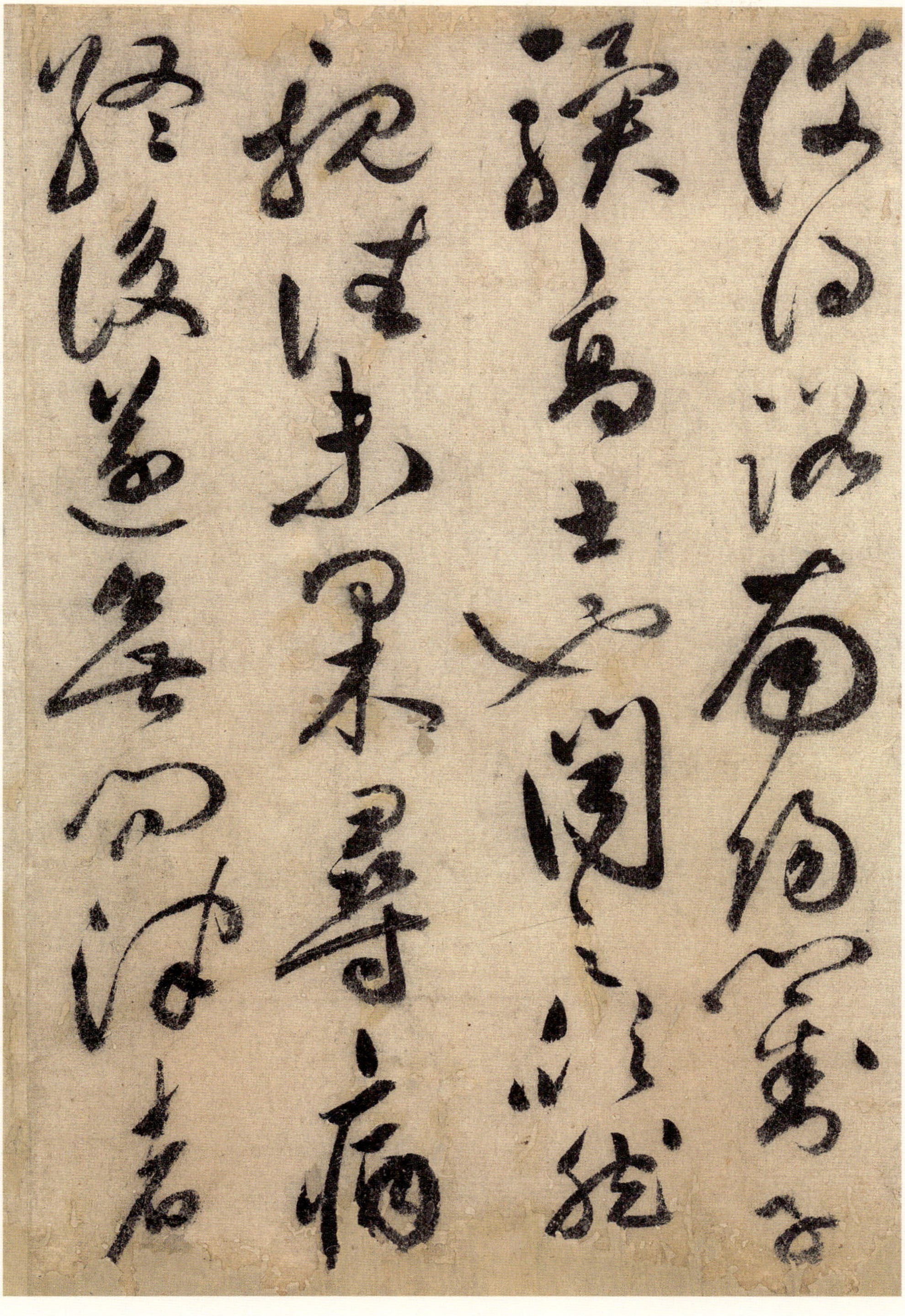

复得路。南阳刘子骥，高尚士也，闻之，欣然规往。未果，寻病终。后遂无问津者。

“高”：点之形态优美，犹如头冠上羽毛装饰，与结束时之圆转收笔形成视觉上两大亮点，造型虽简却姿态高雅。

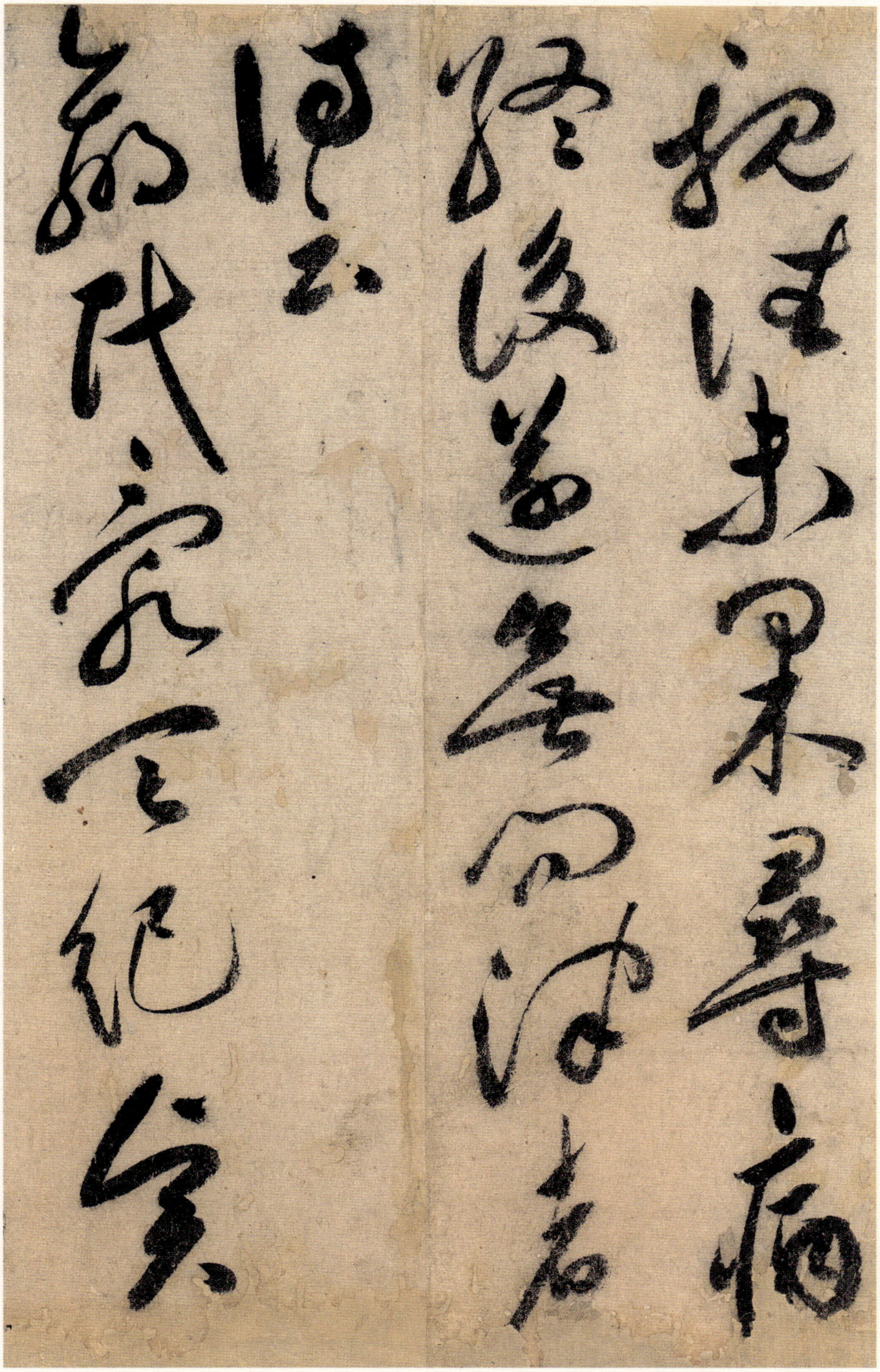

规往。未果，寻病终。后遂无问津者。诗云。嬴氏乱天纪，贤

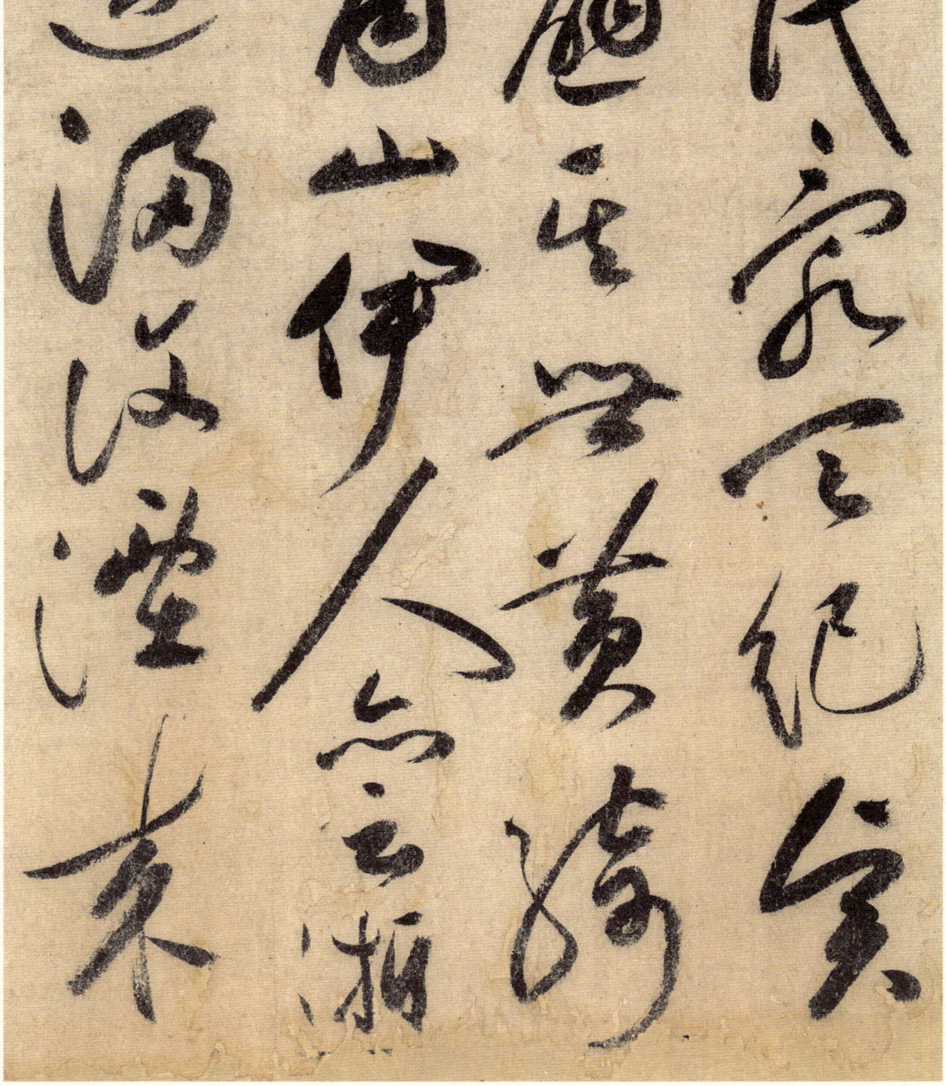

嬴氏乱天纪，贤者避其世。黄绮之商山，伊人亦云逝。往迹浸复湮，来

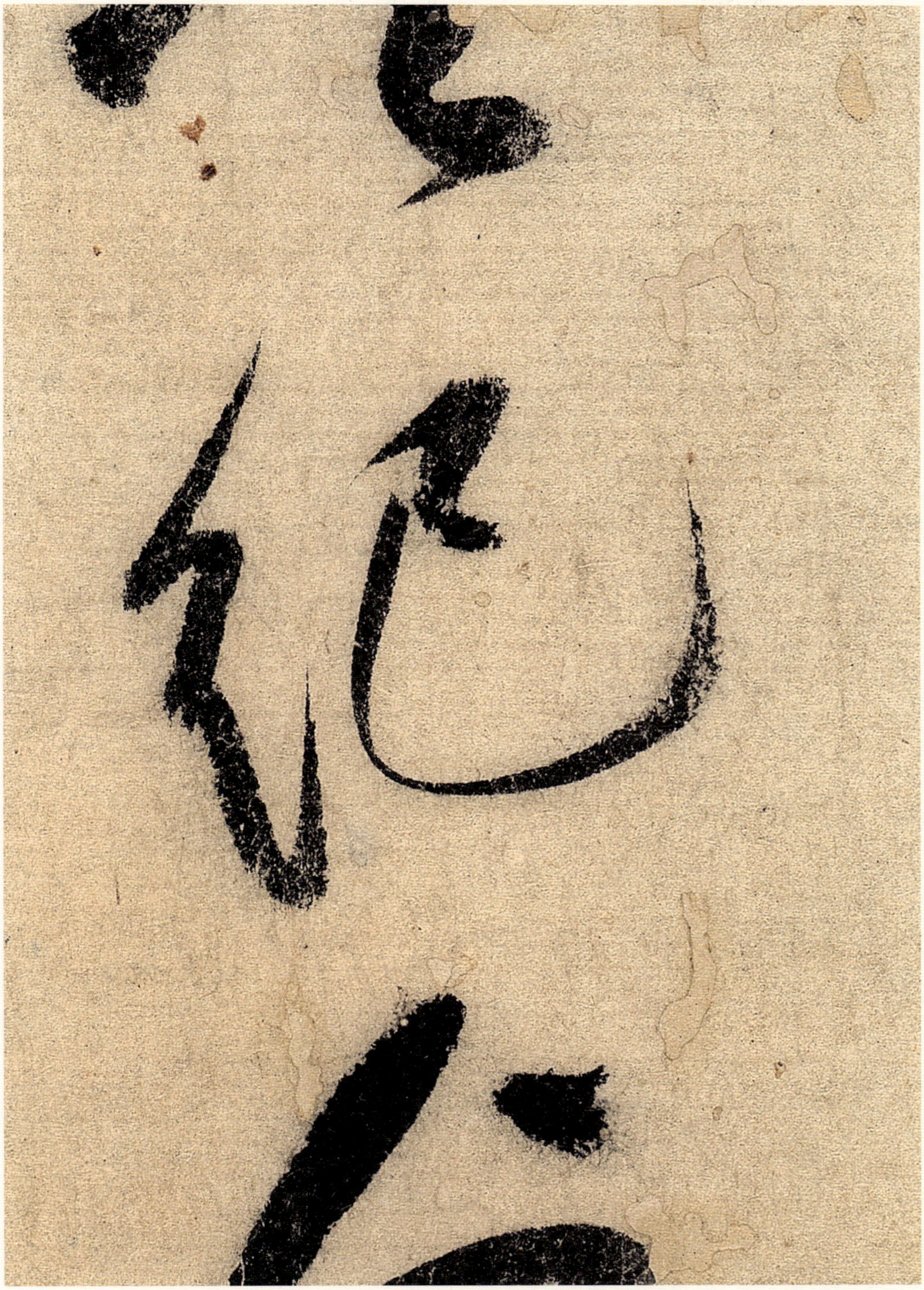

"纪"：线条优美秀丽，末笔颇有宋徽宗瘦金书之精致审美，足见变化多端之能事。

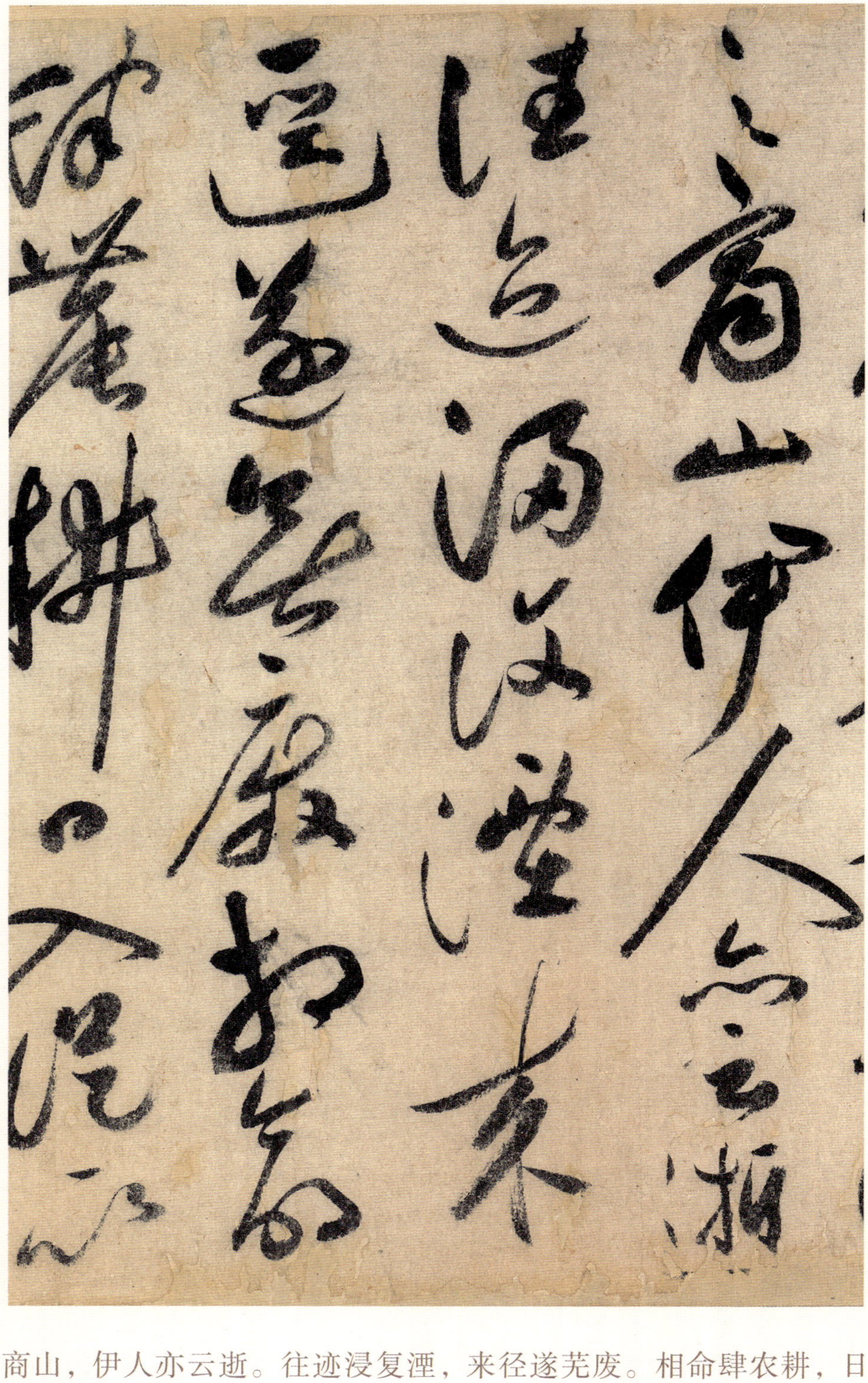

之商山，伊人亦云逝。往迹浸复湮，来径遂芜废。相命肆农耕，日入从所

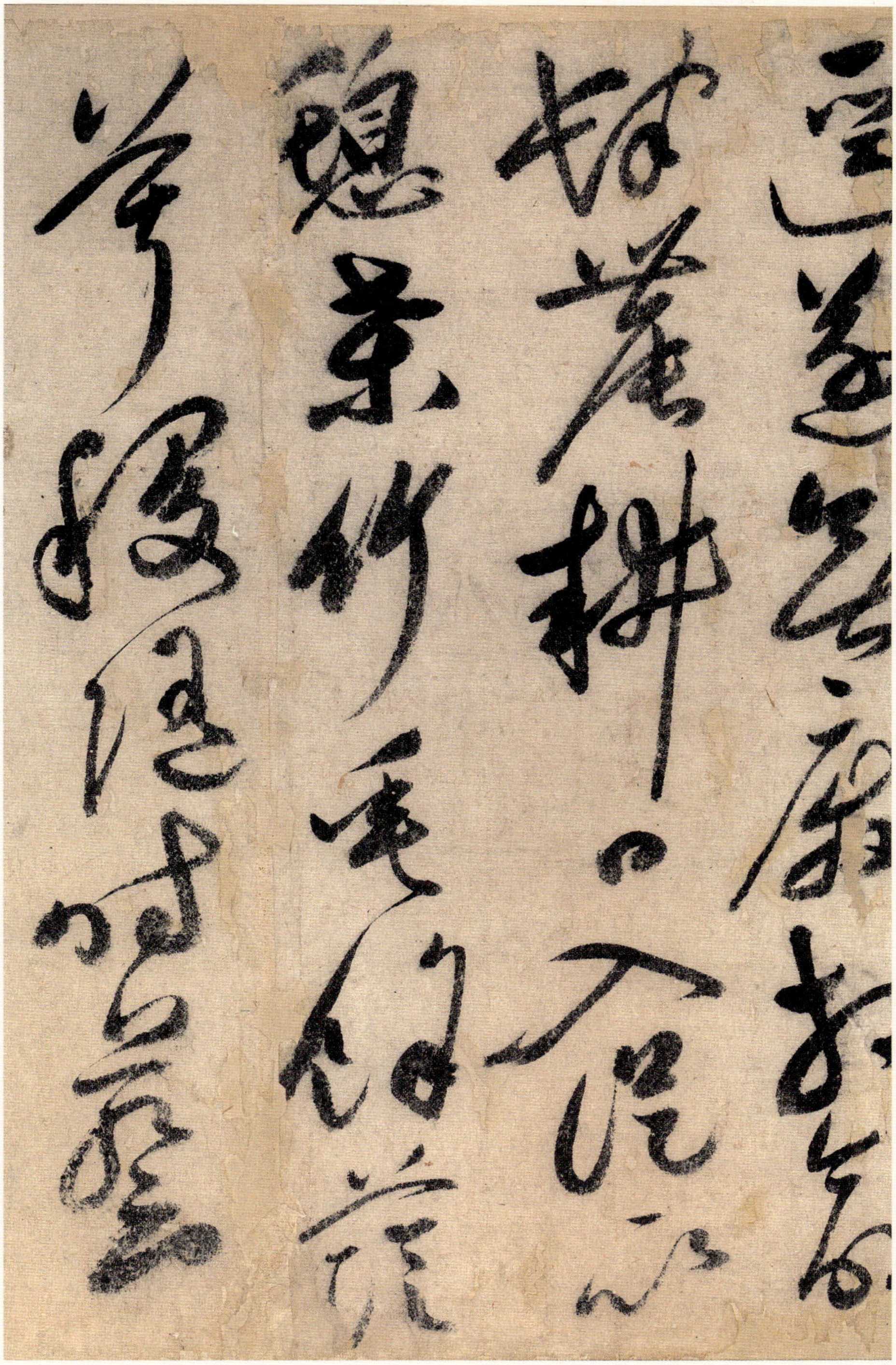

径遂芜废。相命肆农耕，日入从所憩。桑竹垂余荫，菽稷随时艺。

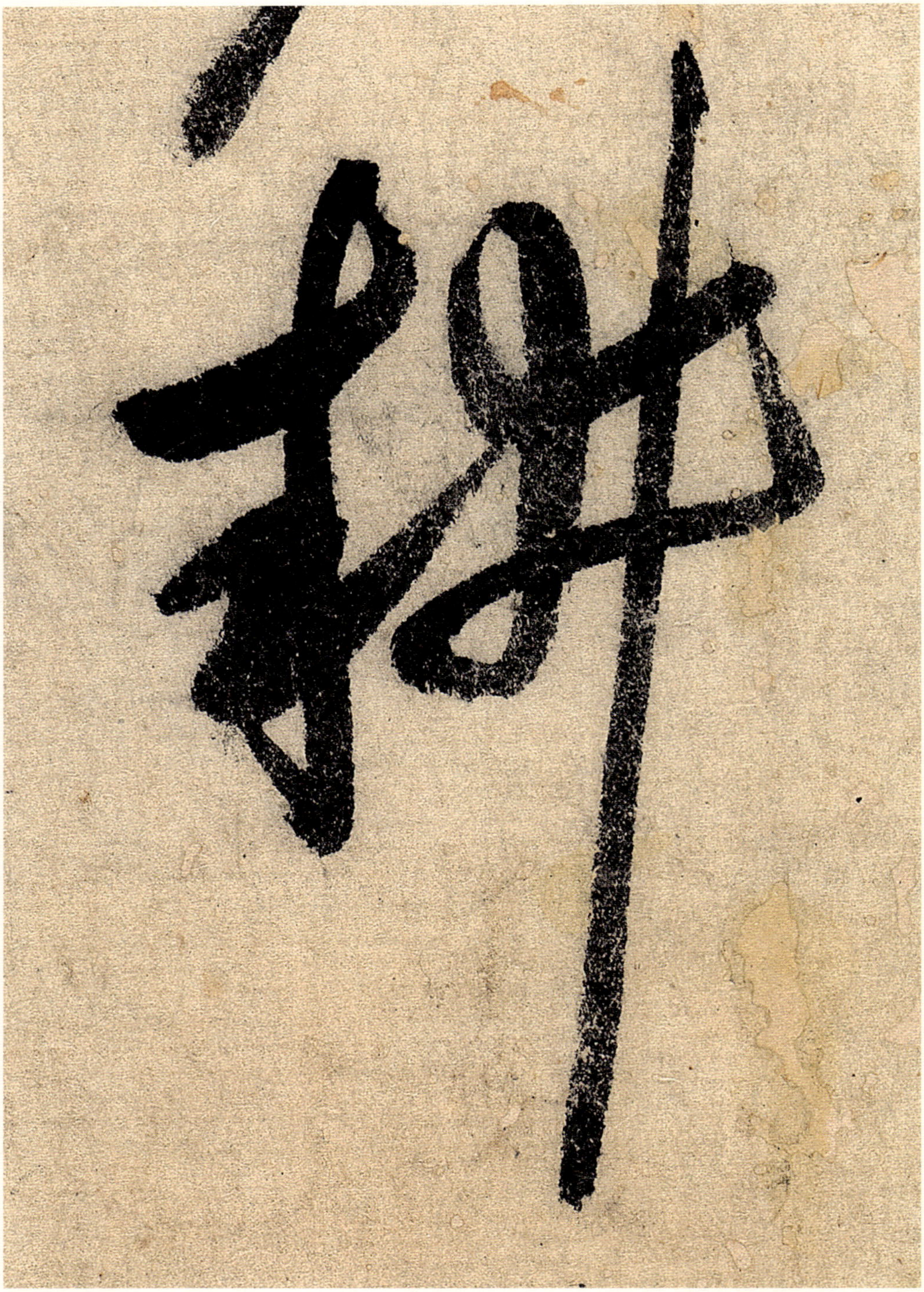

“耕”：部首墨色浓重，“井”字翻转优美，犹如舞者单脚舞姿，富有视觉意象。

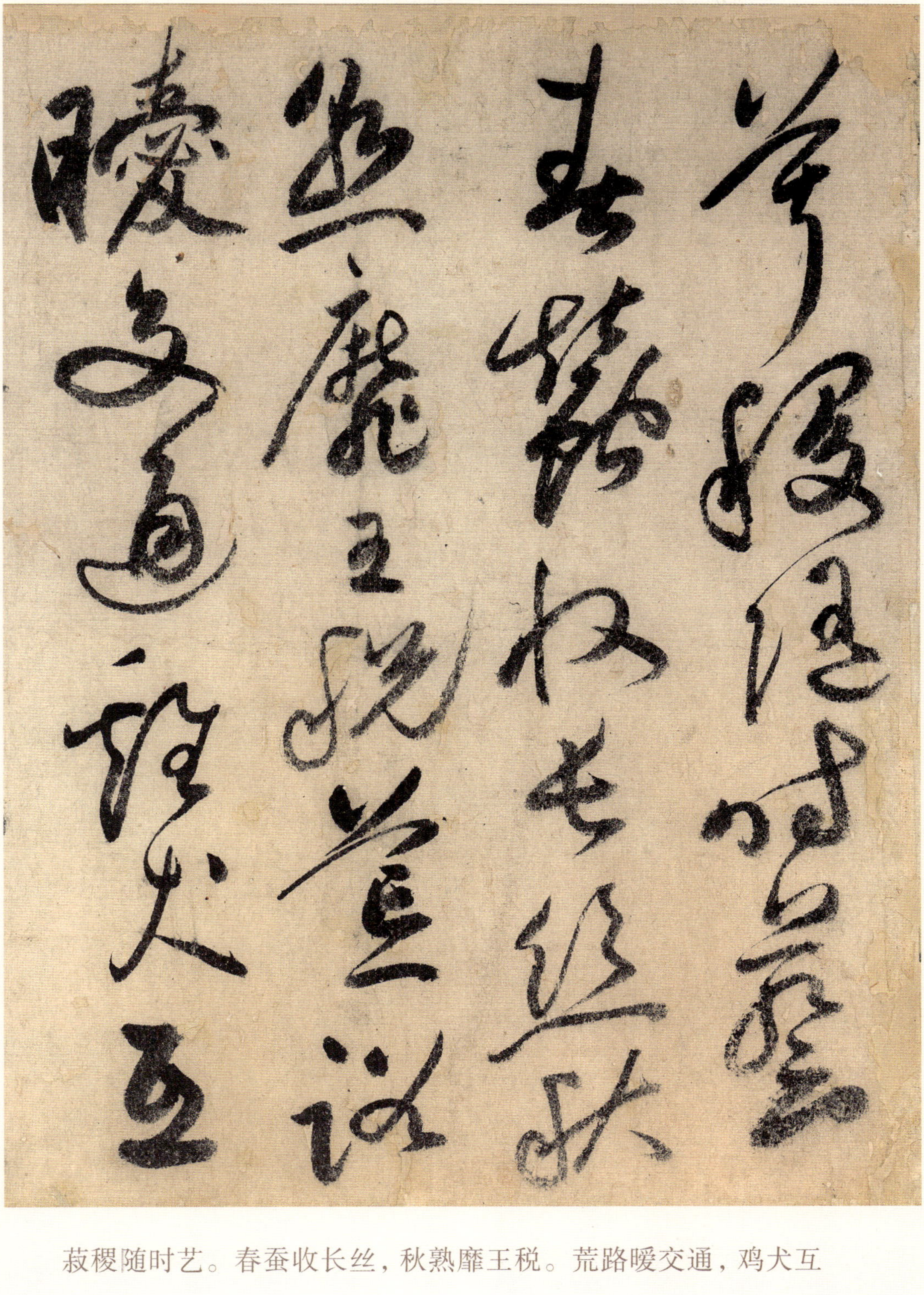

菽稷随时艺。春蚕收长丝，秋熟靡王税。荒路暧交通，鸡犬互

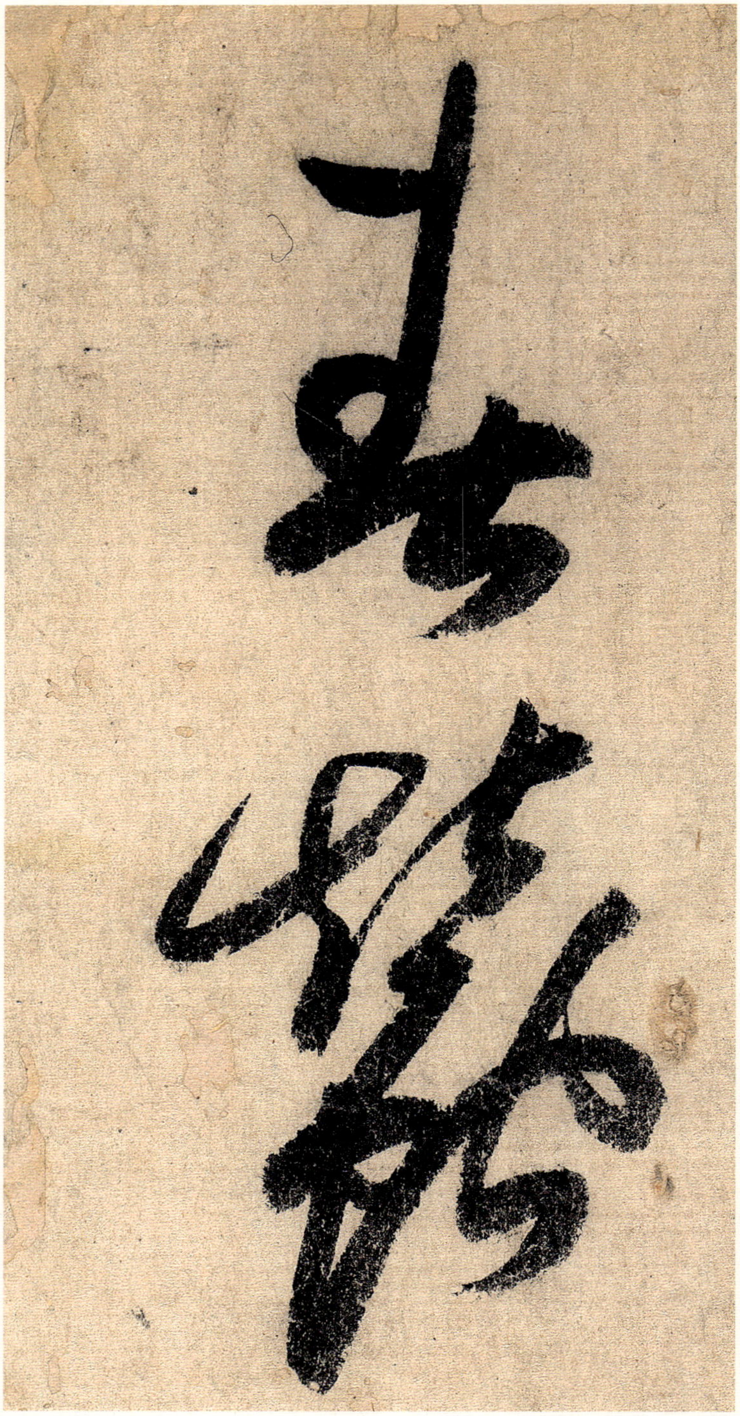

"春蚕"："春"字线条圆厚丰润，"蚕"字展现高超运笔技法，犹如行云流水，毫无倦态。

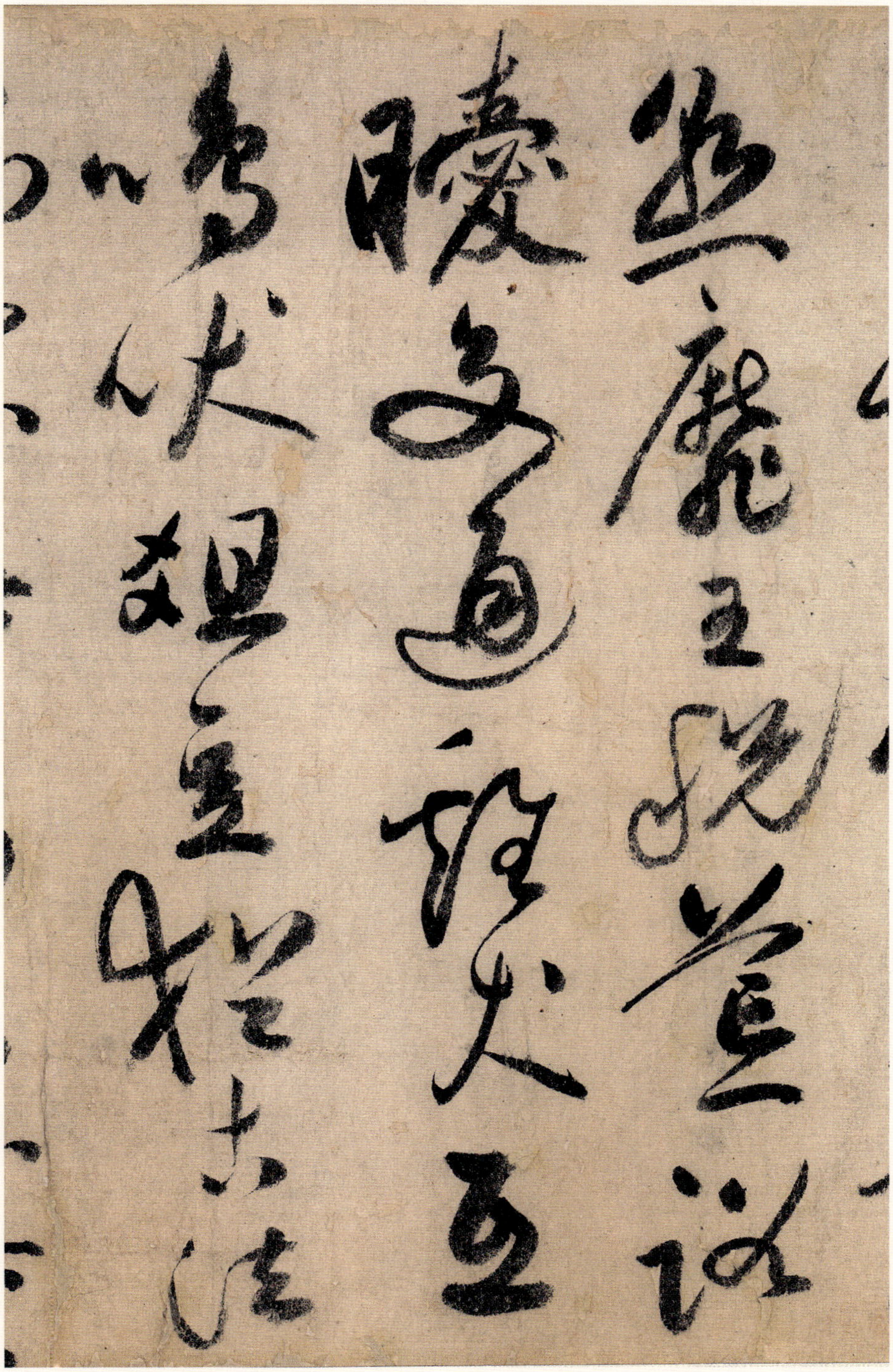

熟靡王税。荒路暧交通，鸡犬互鸣吠。俎豆犹古法，

“互”：线条圆润丰腴，造型奇特，因骨力雄强而不伤于痴肥。

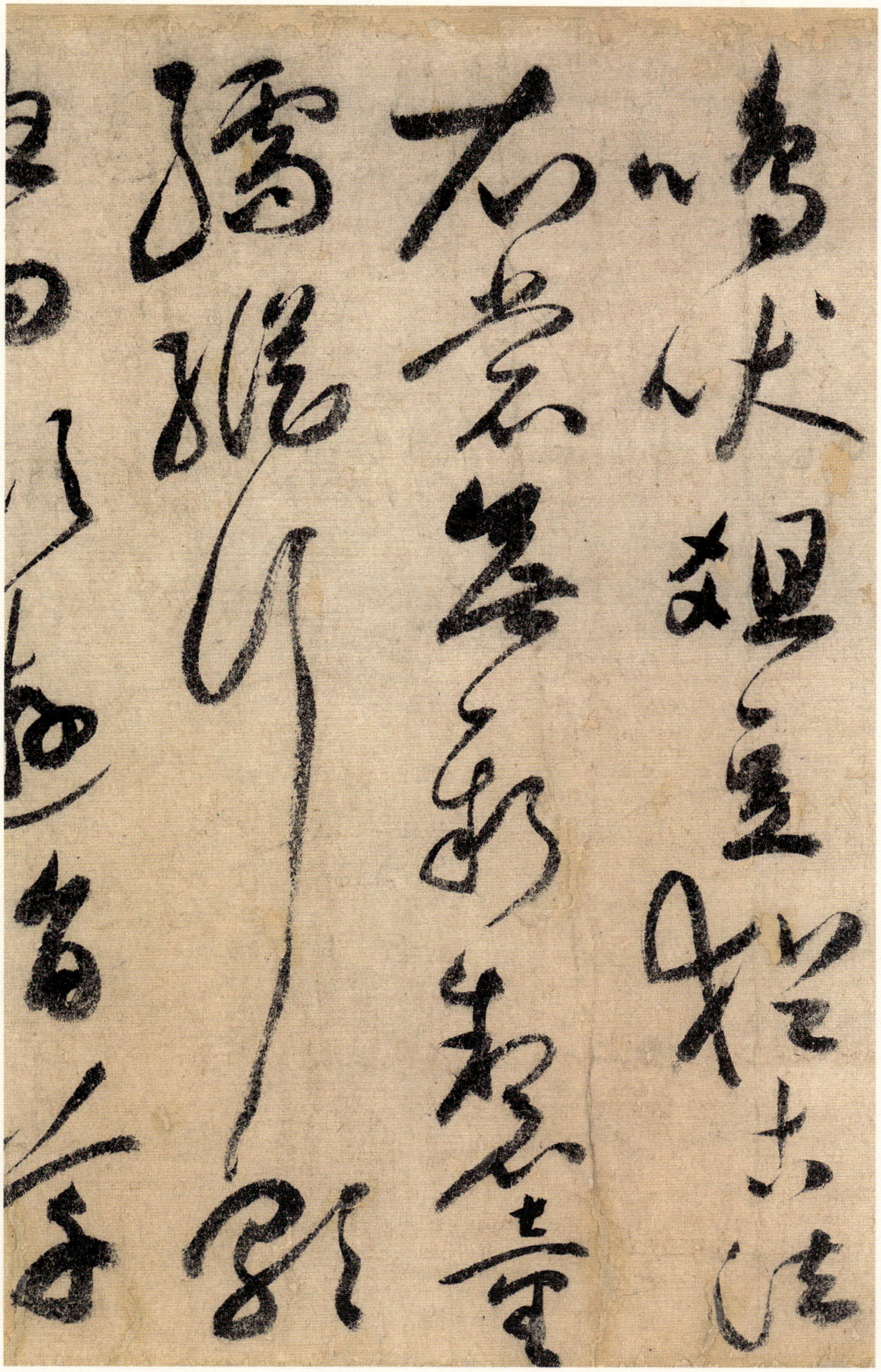

鸣吠。俎豆犹古法，衣裳无新制。童孺纵行歌，

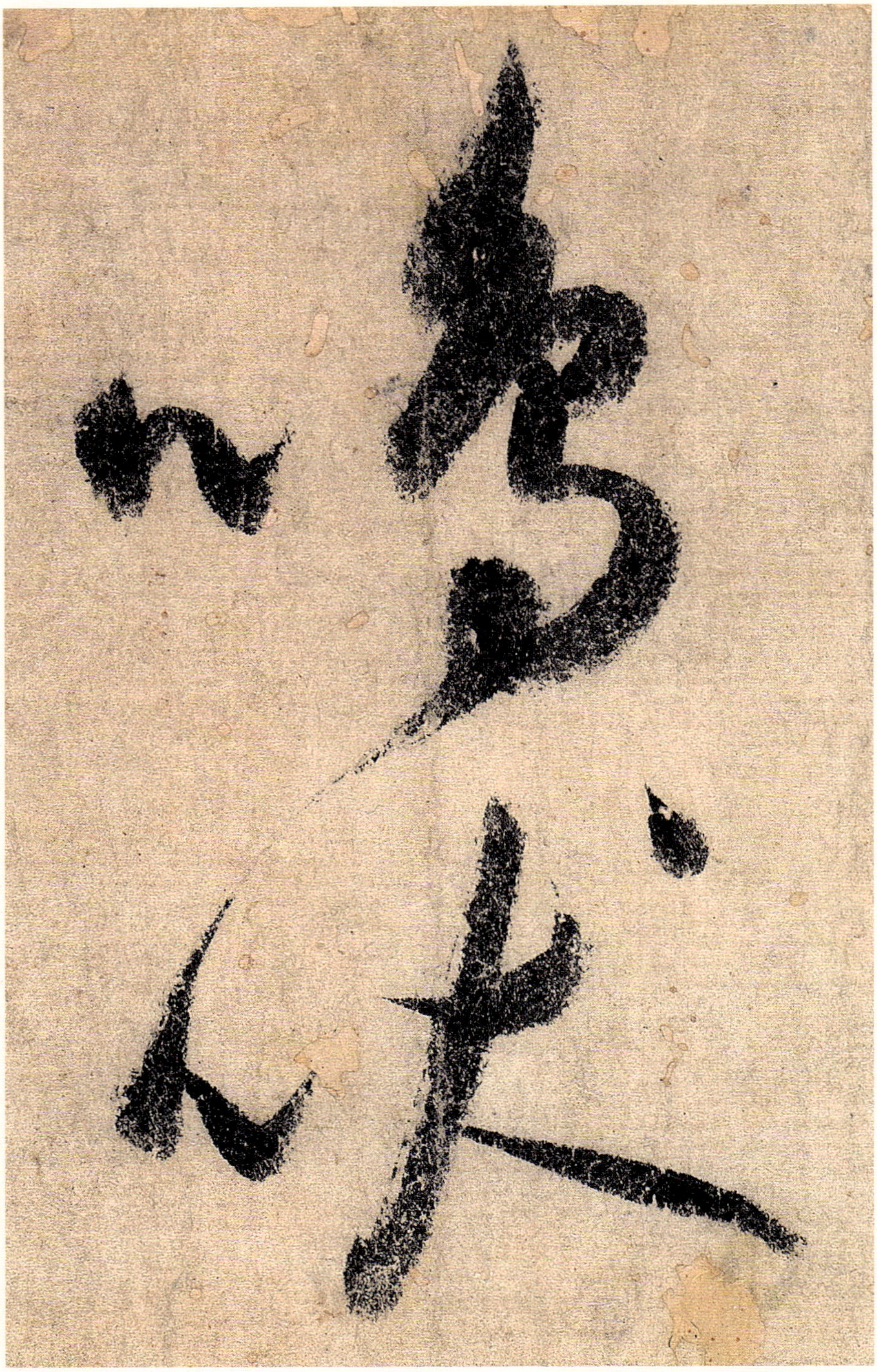

“鸣吠”：字态颇有鸣吠之动感，搭配飞白的运用，更增添喧闹感。

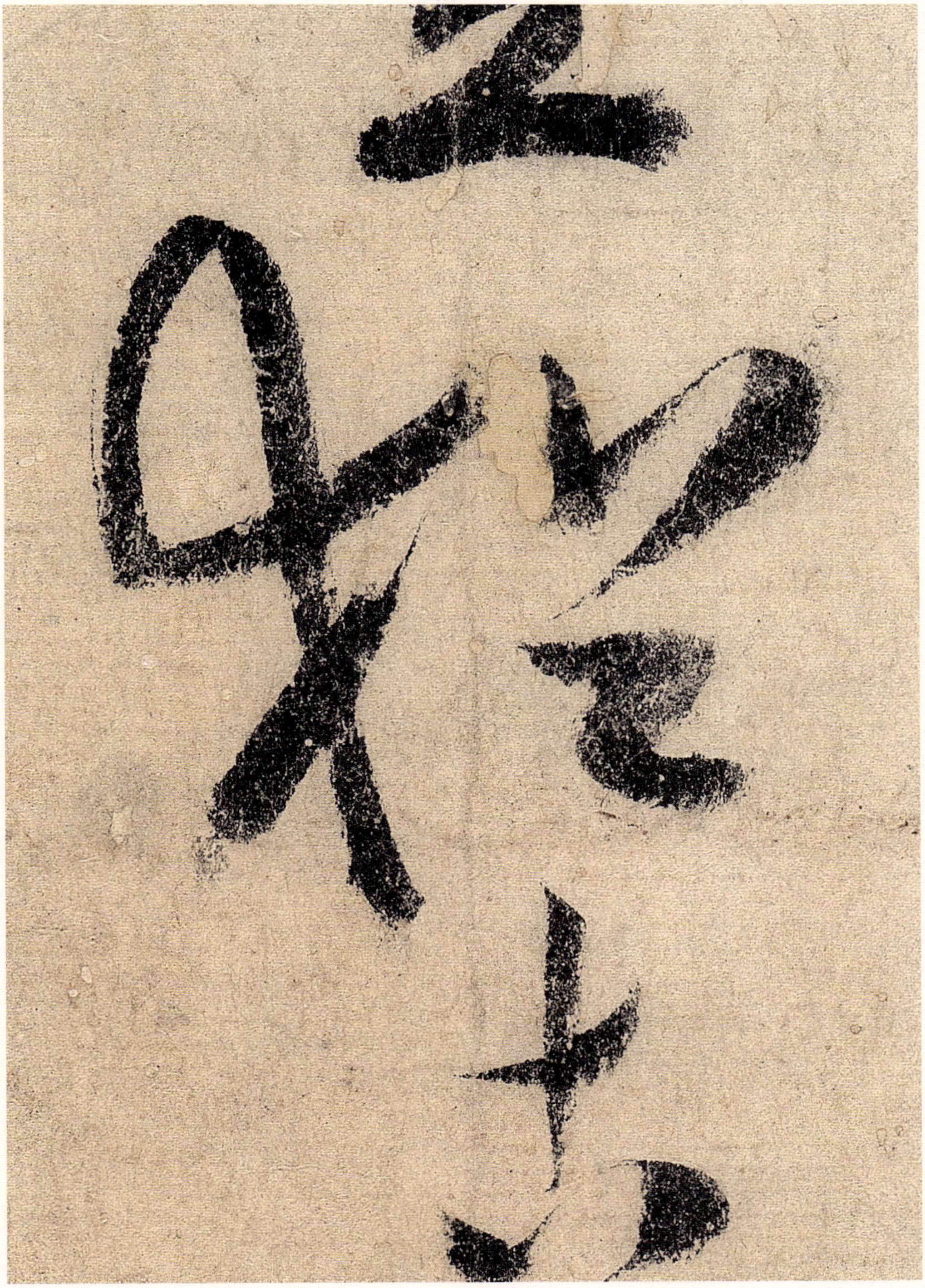

"犹"：部首两折动作干脆果决，控制如意；字形头大身小，产生结构上变化的趣味性。

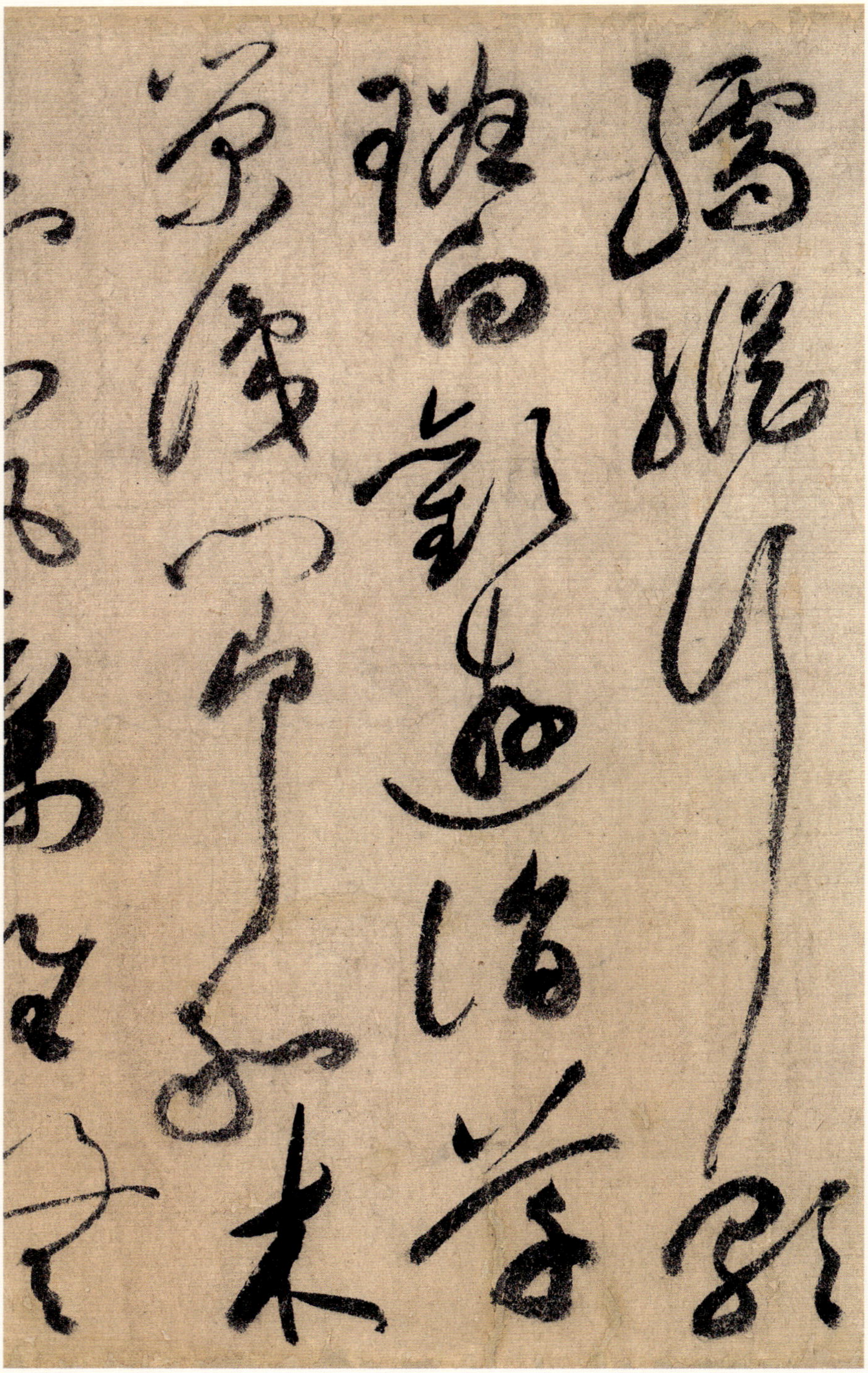

孺纵行歌，斑白欢游诣。草荣识节和，木

“行”：笔画翻飞，犹如空中之翩翩彩带，具有轻柔飘忽的审美情趣。

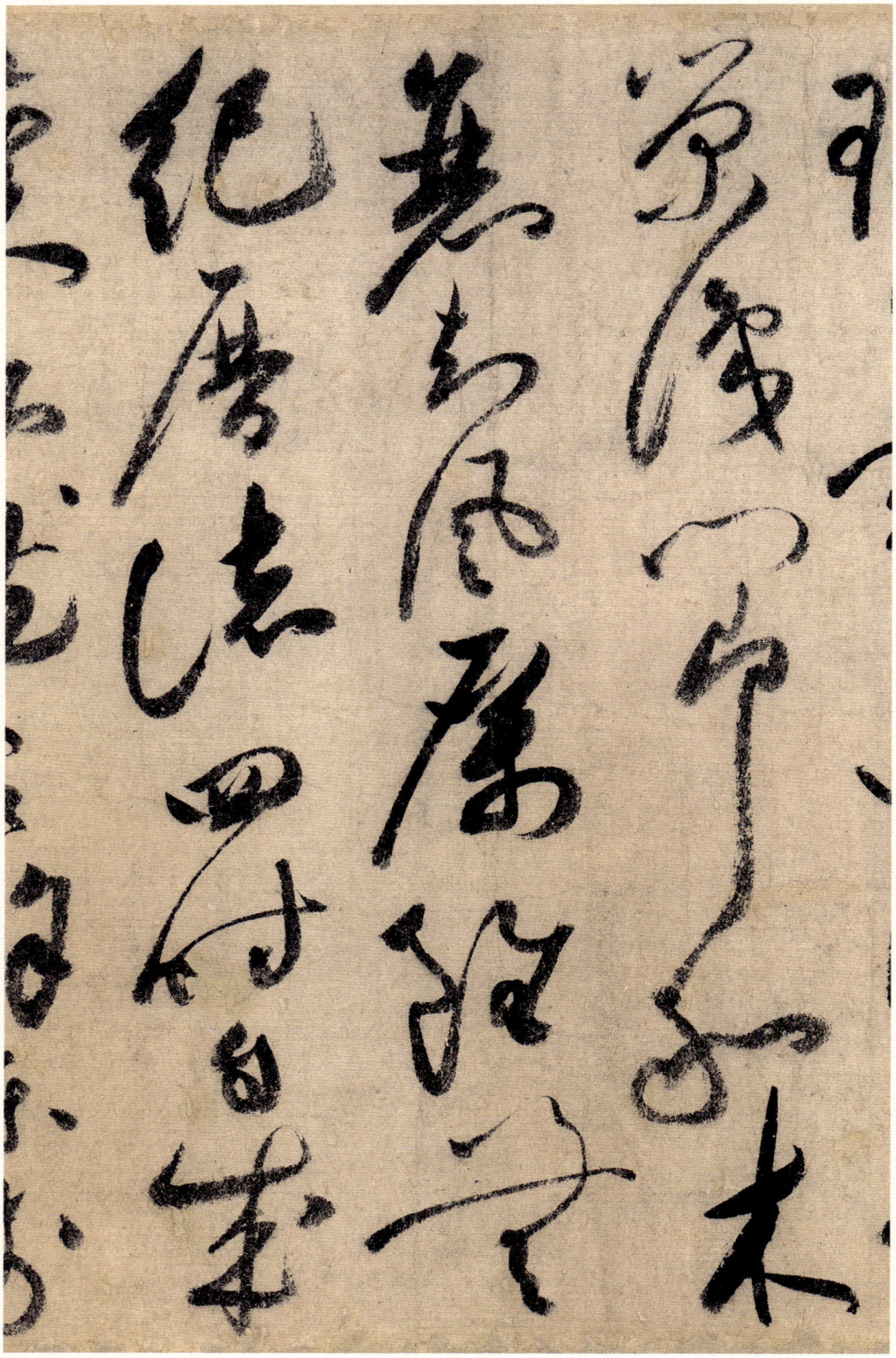

荣识节和，木衰知风厉。虽无纪历志，四时自成

"虽无"："虽"字左大右小，挪让出空间与"无"字。"无"的起笔轻灵，收笔忽而加重，造成视觉上的垂坠感，形成一种对比的趣味。

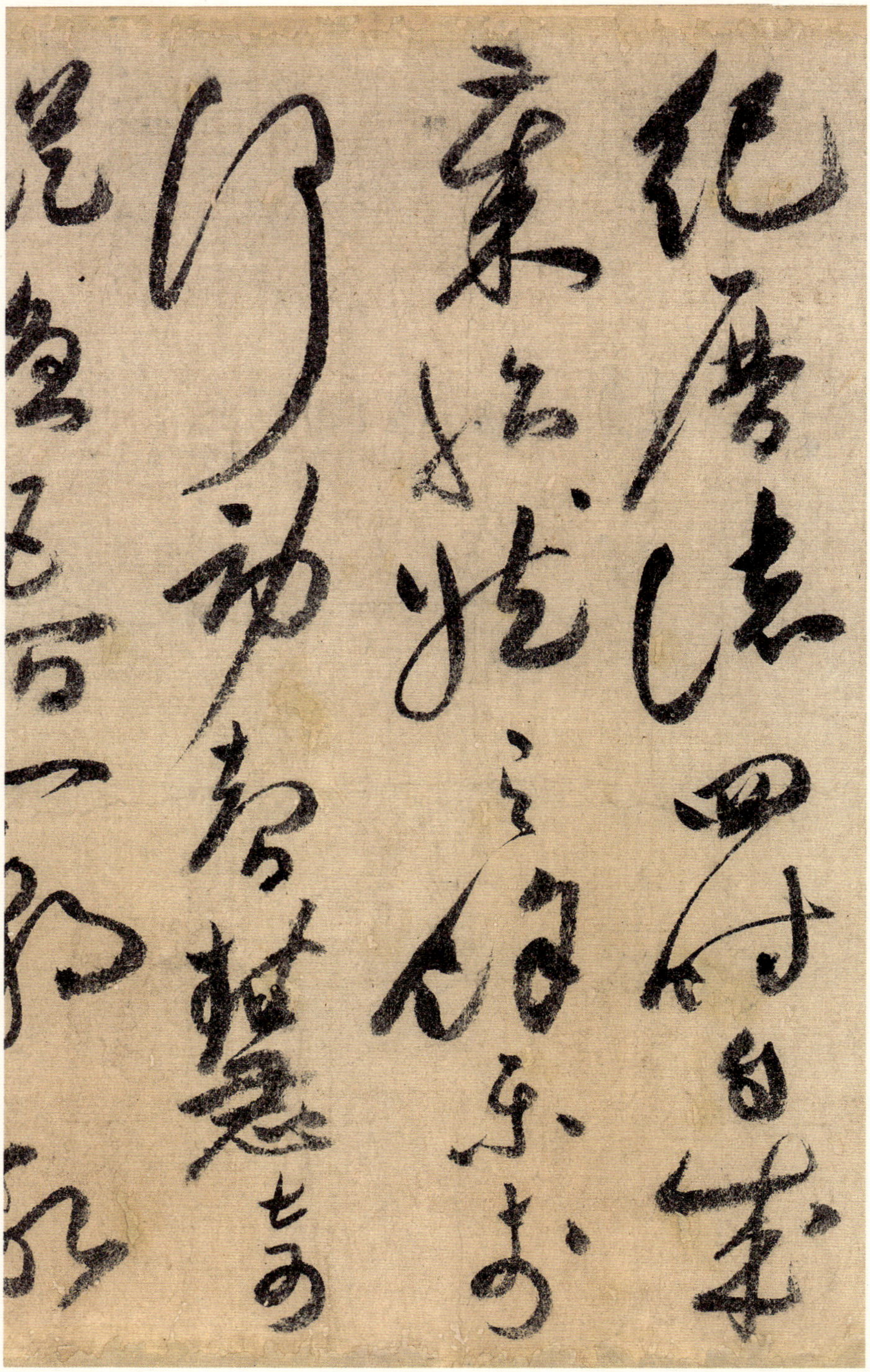

纪历志，四时自成岁。怡然有余乐，于何动（劳）智慧。奇

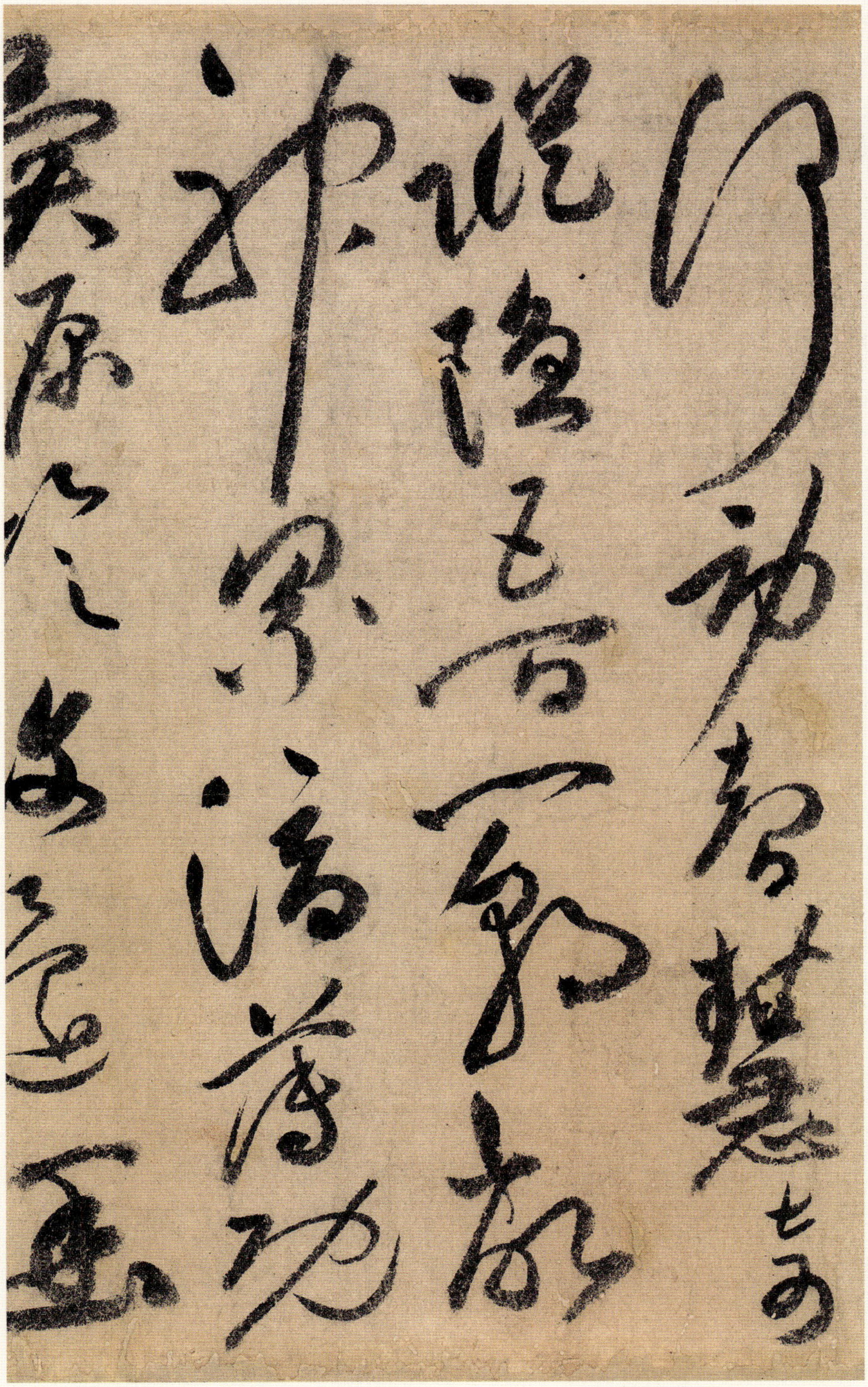

何动（劳）智慧。奇踪隐五百，一朝敞神界。淳薄既

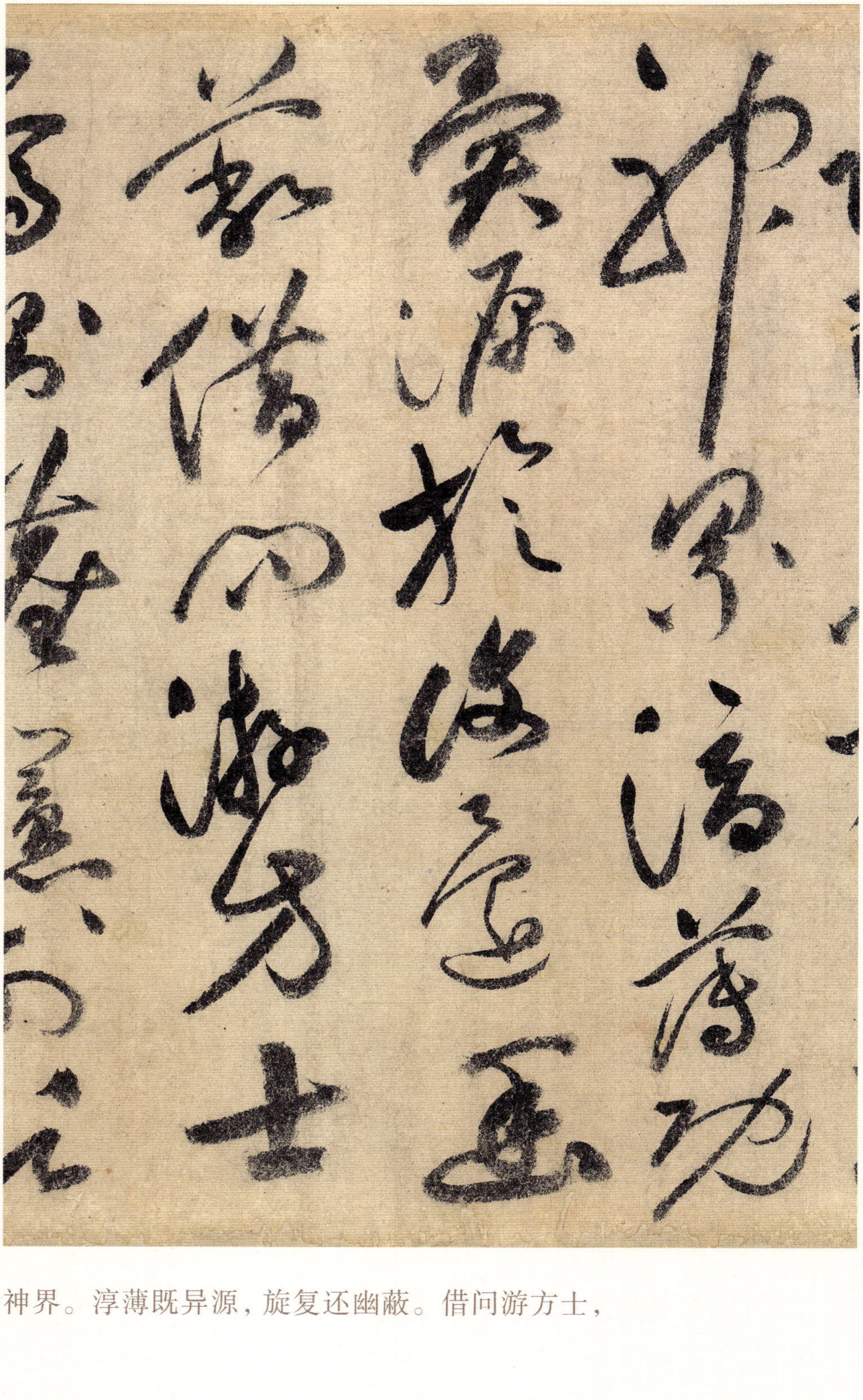

神界。淳薄既异源，旋复还幽蔽。借问游方士，

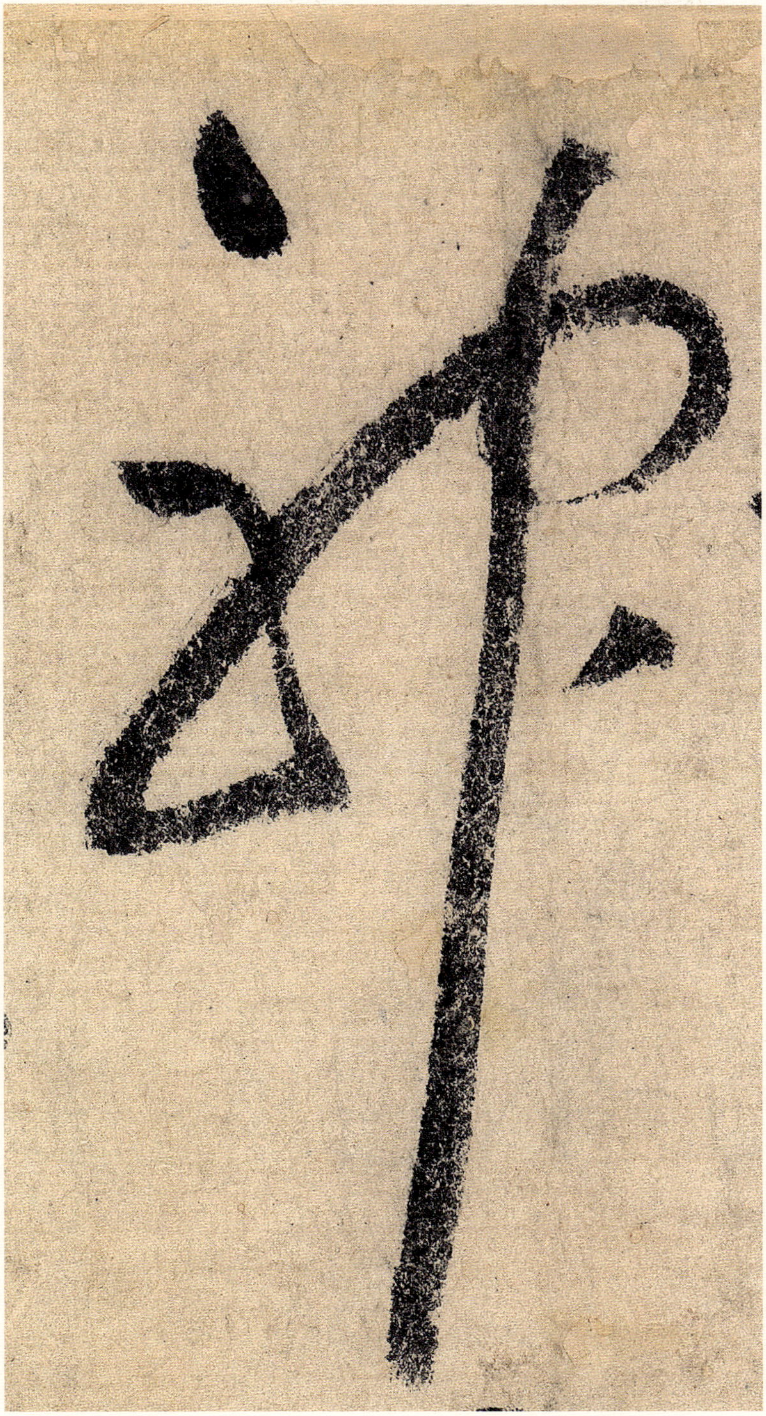

“神”：书写速度稍慢，最后竖笔稍歪斜，运笔时略带波动，不过笔锋未有丝毫偏失。

“**还**”：用笔轻灵，变化细致，具有轻快的书写节奏。

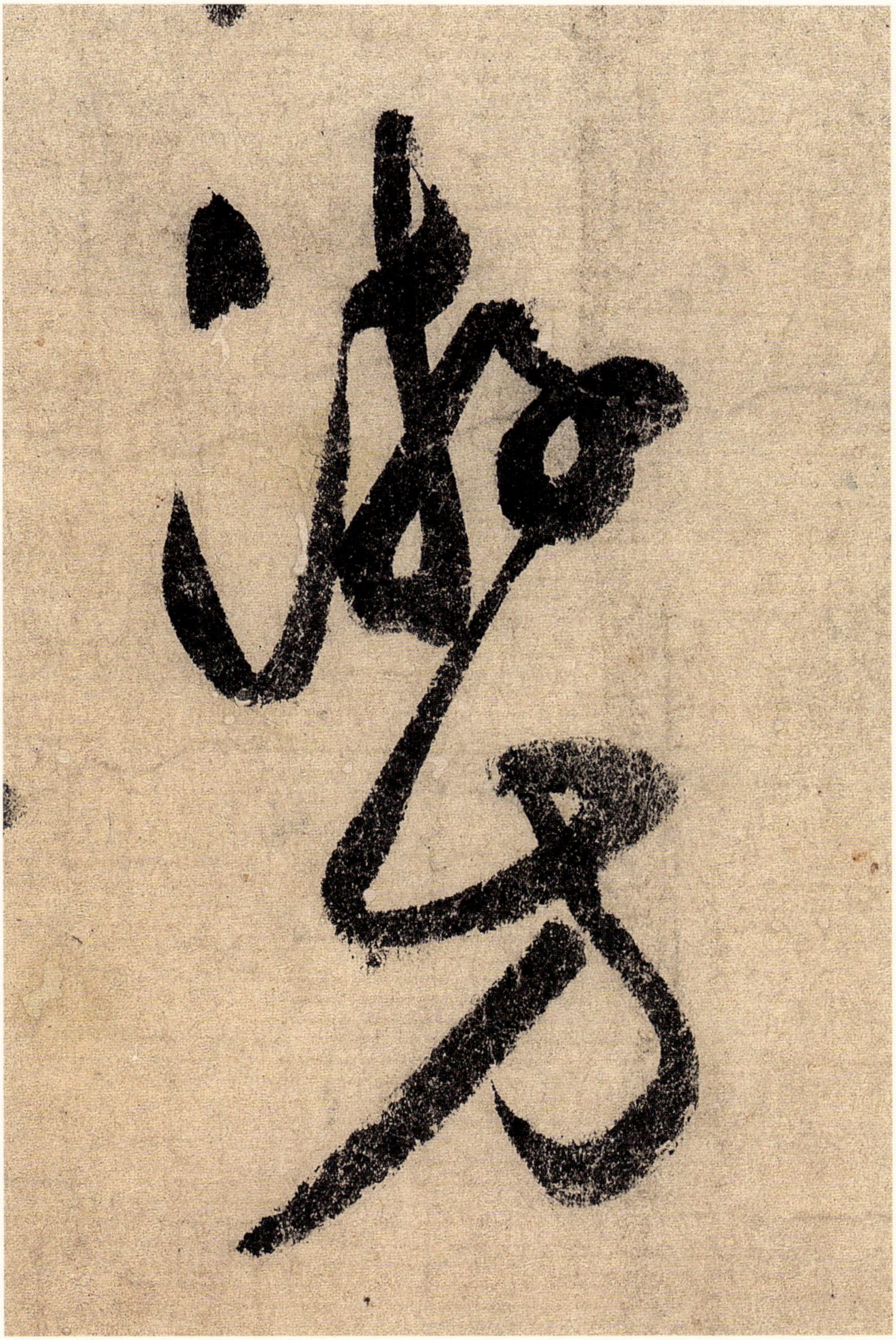

“游方”：笔锋变换快速，线条质量完全一致，展现了极佳的书写功力与优异笔性。

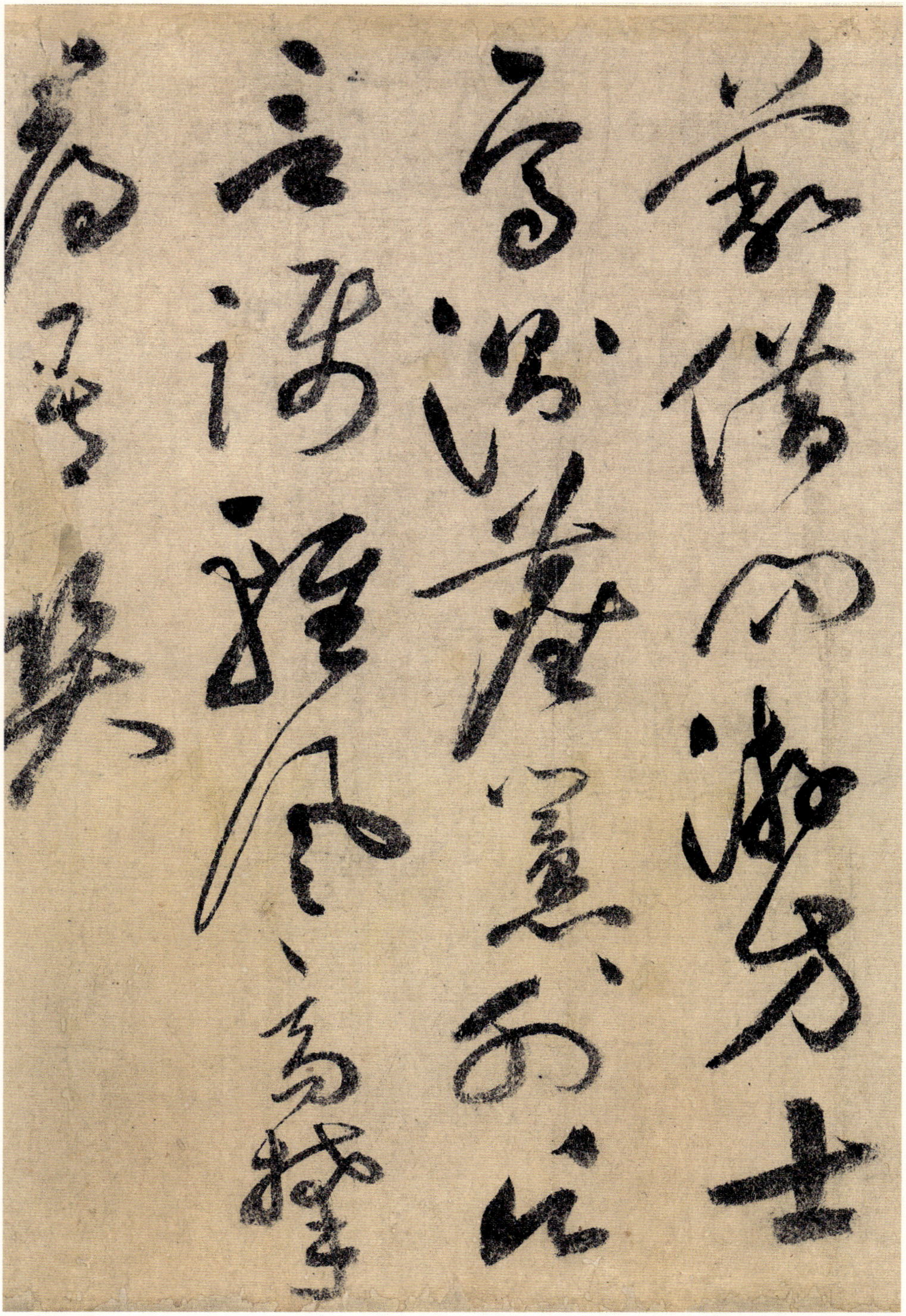

蔽。借问游方士，焉测尘嚣外。愿言蹑轻风，高举寻吾契。

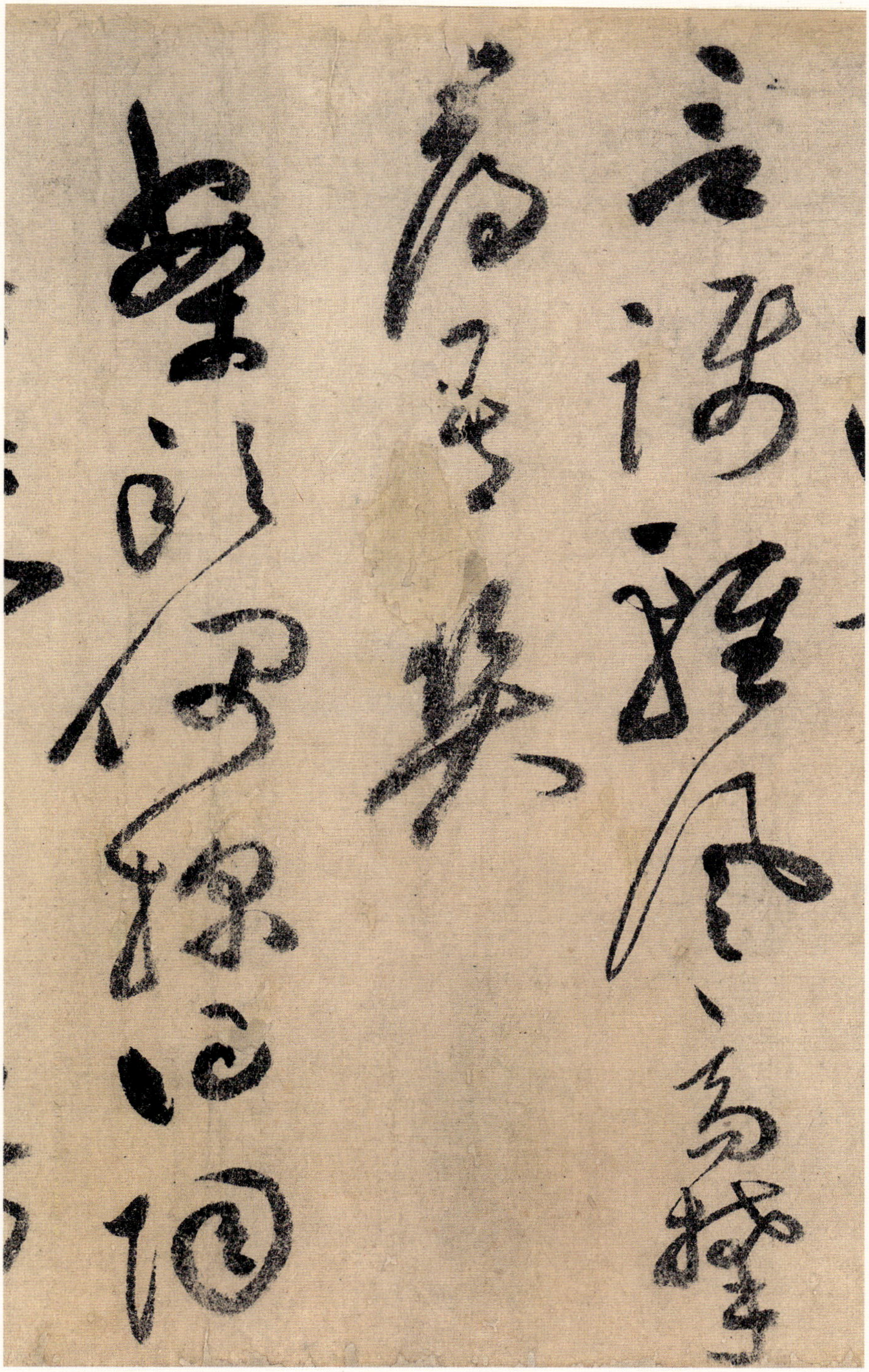

言蹑轻风，高举寻吾契。案头偶探得词

“案”：“安”字重心推移至左侧，“木”刻意缩小，产生前倾的明显意象，笔画粗壮雄强而扎实。

“偶探”：“偶”自右侧斜躺，造型夸张。“探”字回复中正格局，以加强画面稳定感，用笔缭绕圆转，犹如行云流水般顺畅。

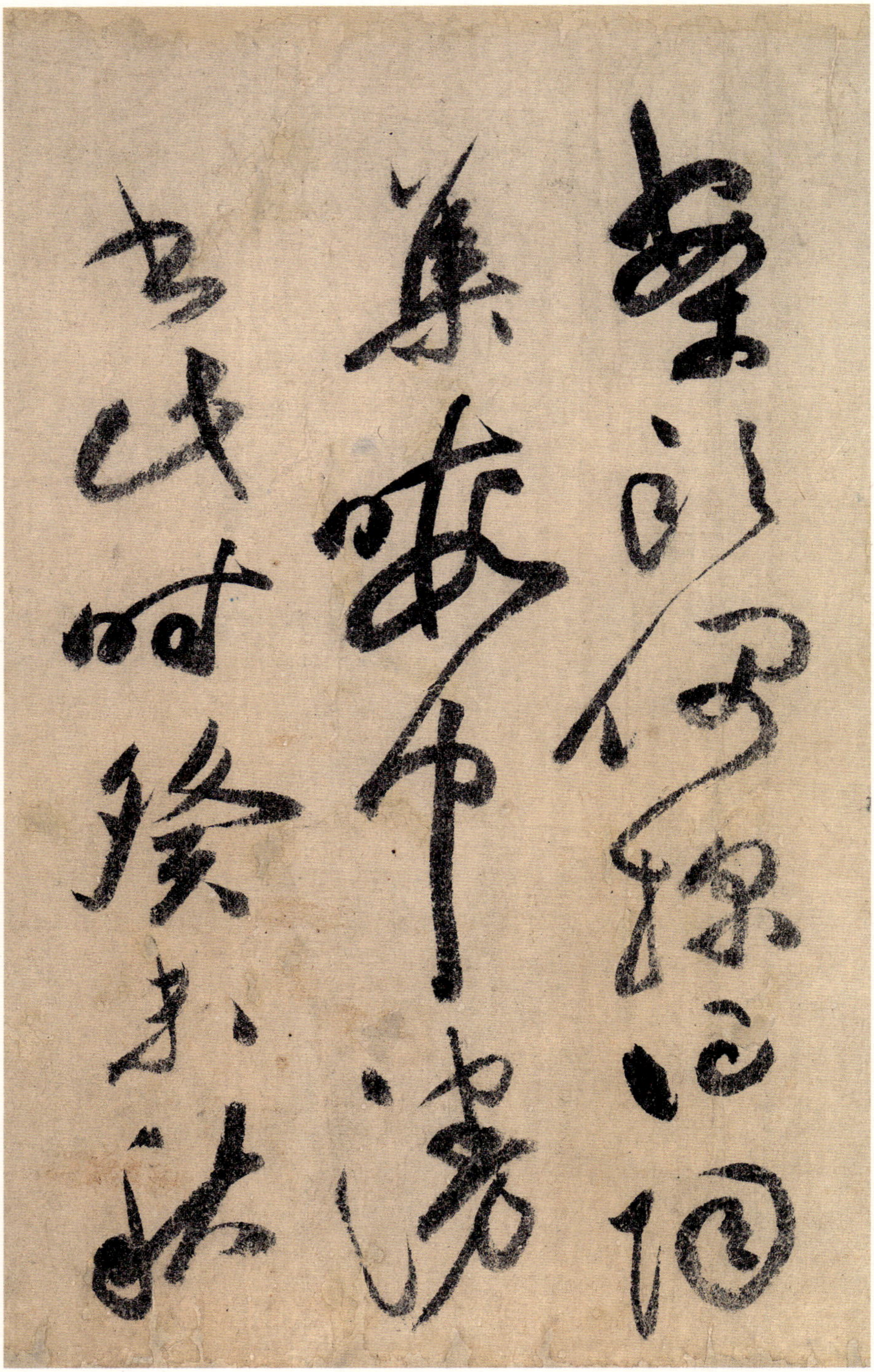

案头偶探得词集，暇中漫书此。时癸未（1583）秋

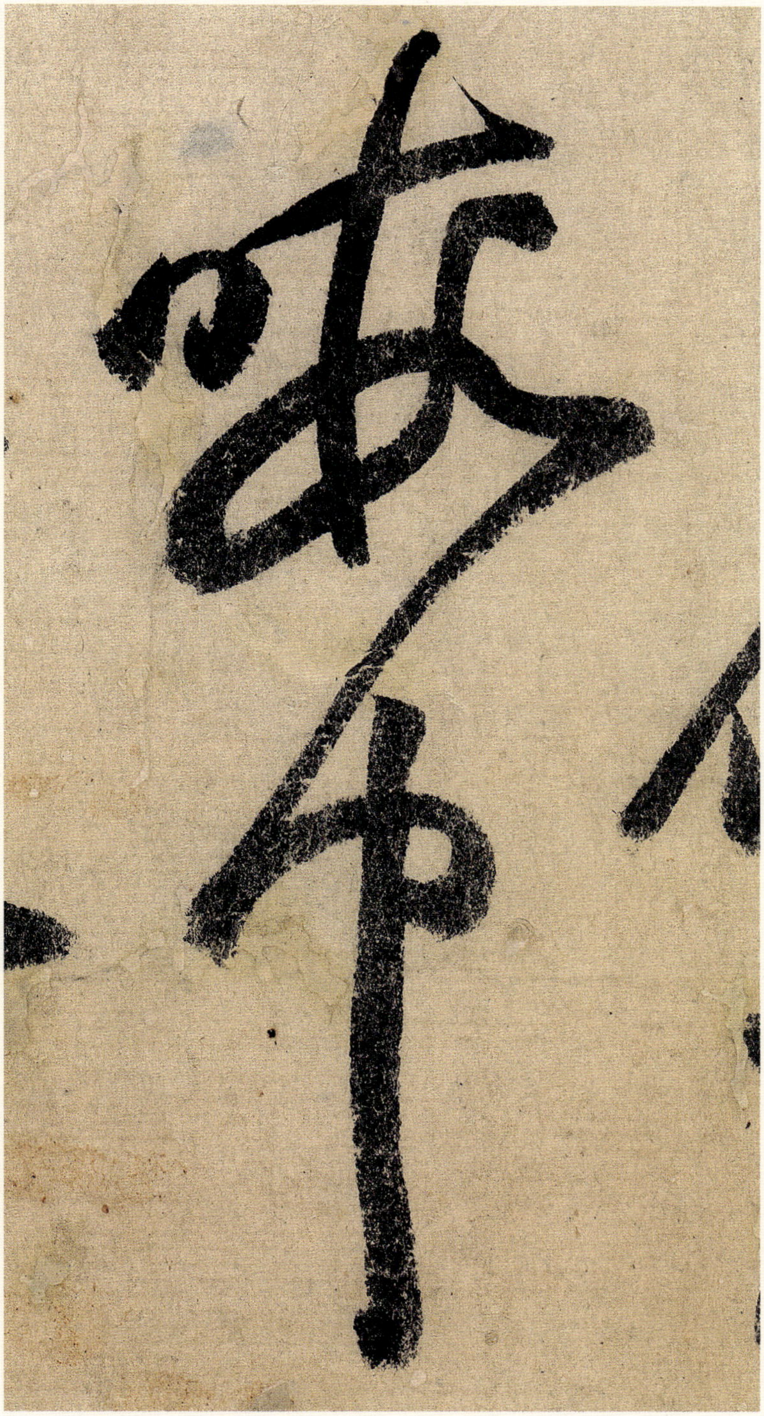

“暇中”：线条凝重圆厚，笔力万钧，“中”字末笔力量送至最终，往左做一收笔动作。

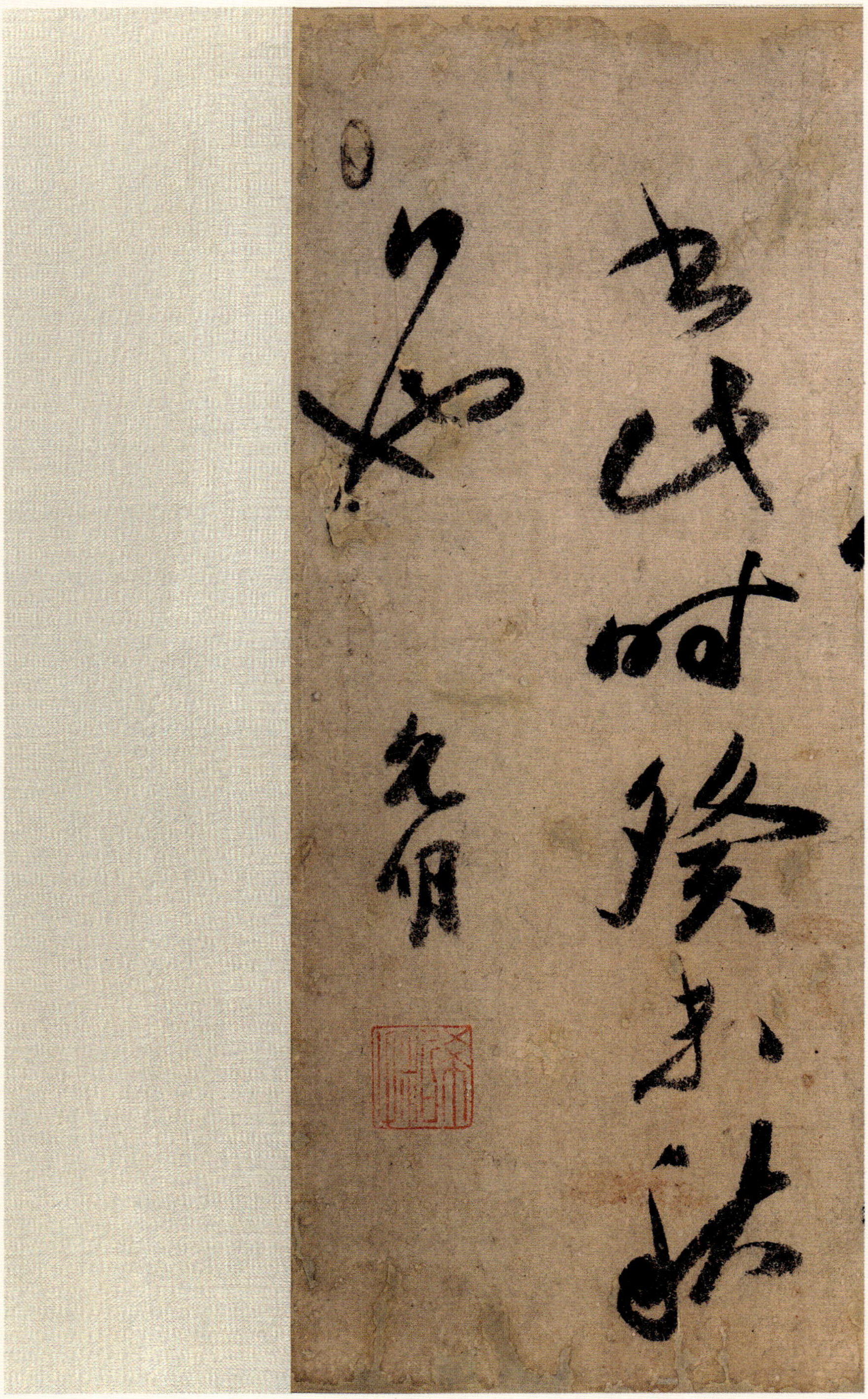

书此。时癸未（1583）秋日也。允明。

“秋”：字形斜向右上，为书写平面营造出空间深度，为祝允明常用结字手法。

昭和十三年春觀于迷小讀石山房之
春嬾香畫 三野老郁

尺寸園主人魏清德獲觀

庚申秋七月孝胥觀
戊辰冬初吳興王震敬觀
乙亥冬月謝介石觀

伍

天下第一桃花源记——论祝允明《桃花源记并诗》卷之书法学成就与文化意涵

天下第一祝枝山

祝允明桃花源记研究委员会编

祝允明（1460—1526）为明代草书第一大家，此《桃花源记并诗》为其晚年草书极精之作，不仅代表他个人的书法学的最高成就，也反映出有明一代草书的高度，堪称书法史上的伟大杰作。此外，属于非物质文化遗产的《桃花源记》相关传世书法作品中，祝允明此作是目前年代最古老、书法家等级最高、艺术造诣最为精妙的一件，也可以说是《桃花源记》相关墨迹中之最，弥足珍贵。

祝允明，字希哲，号枝山，又号枝指生。5岁作径尺字，9岁能诗。稍长，博览群书，文章有奇气，当筵疾书，思若涌泉。尤工书法，名动海内。7岁中秀才，33岁中举。后来参加会试却屡屡受挫，直至55岁才谋得官职，授广东兴宁知县。63岁任京兆应天府通判，一年后以病为由辞官回故里。自此交友饮酒，纵情于艺术中，与唐寅、文徵明、徐祯卿并称“吴中四才子”。书法与文徵明、王宠并称“吴中三家”。其书法取虞世南、赵孟頫书法之神，扬王羲之和王献之行书、怀素草书之势，融会贯通，自成一体。何乔远（1558—1632）：“允明书出入魏晋，晚益奇纵，为国朝第一。”（《名山藏》）

《桃花源记并诗》卷，全长约4米，书写于64岁，以草书抄录陶渊明（356—427）《桃花源记》全文。据卷末作者题识“案头偶探得词集，暇中漫书此”，知此作乃是他偶然于书桌上见到陶渊明集，一时兴起而书下此卷。题识上看不出此作明显的应酬性质，为书法家自娱的书迹，有别于一般应付俗世的作品。全卷用笔精到，笔法富有变化，运笔动作干净利落，线条圆厚饱满，点画间毫芒毕现，草法结字精熟，写来酣畅痛快，淋漓尽致，展现了有明一代草圣之大家风范，为其晚年极精之作。除了书法精良外，文中亦会深入探讨此卷对于祝允明的意义，及其在书法与文化史上可能的意涵。

一、漫书遣怀

苏州为明代中期经济最为繁华的地区，频繁的商业活动无疑强化了书法本身的应酬性，这样的文化现象让书法家的作品在艺术性之外，同时兼具许多社会功能，其中最明显的大概是商品化的趋势。种种不同的社会功能有时候也会很明显地影响到书法的艺术表现，这在许多书法家的个案研究中都已经被充分地讨论。例如白谦慎的傅山（1607—1684）研究、薛龙春的王铎（1592—1692）研究、何炎泉的张瑞图（1570—1641）研究等，都清楚呈现出书法家的应酬活动及相关的艺术风格[①]。

由于每个书法家的应酬脉络不尽相同，因此很难以某个特定概念或是理论来套用，只能就个案加以讨论，才可能真正理解风格背后的意涵。过去与当前的书法史主流研究方法总是不经意地忽视应酬这个社会现象，理所当然地将作品视为书法家的艺术创作，同时搭配脉络式研究与风格分析等工具来加以诠释，看似合理完成了书法史的研究工作，实质上只是完成了一个又一个粉饰太平的案例，从而也逐渐建构出一个颇为扭曲的中国书法史。

有关祝允明的应酬书法尚未有比较深入的研究，只能就目前看到的作品稍微加以探讨。在整个中国书法史中，祝允明应该是第一位兼善诸体的书法家，这里的诸体不单指篆、隶、楷、行、草的字体，更是不同的书法风格，例如行书他就可以写王羲之、颜真卿、蔡襄、苏轼、黄庭坚、米芾、赵孟頫等诸名家。他的楷书与草书也是一样，可以模仿古代许多名家，篆、隶的部分因为时代的限制而较少表现。这样的现象当然值得深究，毕竟不是书法史上的常态，必然有其出现之背景与原因。若是考虑到观者的接受问题，书法家选择所要表现的风格就显得很有意义，恐怕不是兴之所至这样的简单答案可以回答的。

数年前，台北故宫举办了一个祝允明的书法特展“毫端万象：祝允明书法特展”，虽然没有展出所有典藏作品，却大方地将未展出作品收录于特展图录中[2]，策展人显然希望将这些珍贵典藏公之于世，好让大家可以研究这批书法。相较那些死守着材料不肯外放的典藏机构，不仅显得大气，更展现出一种小馆所缺乏的自信。图录中的专论积极探讨祝允明所经眼的古代书法，从鉴赏的角度来探讨为何他会发展出如此多样的书风，若是缺乏适当的学习环境，无论一位书法家再怎样天才也无法做到这样的程度。就学习的角度而言，此文无疑提供了一个相当有价值的参考角度，让观者可以更清楚其真正风格的来源。

图录里作者显然还刻意地安排了几件相当有趣的作品与题跋，顺着这个思路或许有机会可以重新检视其多样书风的文化意涵。其中两件绘画长卷——（传）徐熙《花卉虫草》与（传）龚开《钟进士移居图》上的题跋特别有意思。《花卉虫草》的祝允明题跋风格与跋（传）赵孟頫《春山闲眺》上的题跋风格相同，《春山闲眺》上的陈沂质量不错，所以可以确认祝允明的两个跋没问题。《花卉虫草》的刘辰翁题跋与《钟进士移居图》上的祝允明题跋风格一致，两个跋的质量相当精良，加上《钟进士移居图》上的文嘉（1501—1683）跋没有问题，因此可以确认此刘辰翁跋也是祝允明所写。《钟进士移居图》上的于缉与《墨林澡海》上的欧阳询风格相近，所以应该也是出于祝允明之手。《钟进士移居图》与《花卉虫草》两卷上的“晞哲”印为同一方，两卷上的“山村仇远仁近”也是同一方章。不过两跋的风格却不相同，《花卉虫草》的仇远题跋接近赵孟頫带一点米芾书风，《钟进士移居图》则是更多赵孟頫的风格，两则应该也都是出于祝允明之手。《花卉虫草》的虞集题跋则是混合苏轼与黄庭坚，可以在《墨林澡海》上见到类似的写法。至于《花卉虫草》的唐棣隶书，或许是祝允明罕见的隶书作品。显然这些题跋都是出自一人之手，说明了祝允明实实在在地参与了这些伪画的制作，这些画的制作年代早于鉴赏界所熟知的仿仇英（约1494—1552）青绿苏州片。也就是在这些广为人知的苏州片之前，其实苏州地区已经开始造假字画，参与的书法家居然是像祝允明这样的第一流高手，确实值得关注。

若是将目光转移至祝允明所书写的杂书卷《墨林澡海》③，全卷几乎将所有书法史上的名家风格演绎了一遍，无疑向观者展现了其无所不能的书写技能与高超模仿力。除了过去书法史所认为的单纯展示与炫耀功能以外，若是放置于书画作伪的脉络中来思考，会出现这样的作品可能跟伪作上的假题跋有关。这些伪作为了销售必然希望与名士扯上关系，于是出现了固定的题跋组合，目前所见两件都是以元人为主。

试想，若有人找到祝允明要伪造这些题跋，他不见得熟悉这些人的书风，事实上这些人的书法也远逊于祝允明，所以他确实不太可能模仿他们的书风。或许正是因为如此，所以祝允明需要帮这些元人配上不同风格。为了方便起见，显然他可以制作一个类似商品目录的长卷，以便向委托者解释书写说明，同时也是方便委托者可以明确地选定伪作上的伪跋“菜单”。至于两卷中同一位题跋者却采用不同书风书写的状况，或许是出于书法家随机搭配，当然也可能是委托者所指定的。这样具有商品图录与菜单功能的作品一旦出现后，也可能慢慢转变为一种特殊的创作形式，也就是今日流传的那些祝允明的杂书卷。

当然，祝允明有其过人的特殊模仿天分是毋庸置疑的，不过市场的需求更能合理解释他为何乐此不疲，毕竟书法史上拥有这种能力的书法家也不算少，可是几乎没有人会以此为主要表现。显然，书写多样性的书风应该是他日常生活中相当重要的技能，才会让他自然而然将这些技巧表现在一般书写中。例如信札的样貌，一般书法家的书信都会采用本体字来书写居多，然而祝允明却是不断地变化各种风格，即使是写给同一位收信人也是如此，反映出这种习惯已经成为他生活中的一部分。

祝允明出身于显宦家庭，早年优渥的生活让他“恬然不知米布之价”，直到父祖长辈相继辞世，家庭重担落在他的身上，才让他顿时感受到生活的压力。在明代，维系家世门第最佳途径大概算是科举，根据王世贞（1526—1590）的说法，当时科举考试的花费实在不小，会试中第后的各种应酬至少要花费300金以上，家境差的往往需要借贷来支应。即使是会试之前的附学与乡试也有一定的花费，附学时要支付先生束脩与同侪交际费用，同时也要轮流供给结会（读书会），等到乡试时则要自行筹备进场应试之物（卷子、文房四宝、一应进场之物等）。单单乡试所需之物就要花费10两银左右，当时七品县官年俸仅仅45两银，若是加上其他的开销，可知参加明代科考确实需要拥有相当的财力。

祝允明五应乡试、七应礼部，纵使他生长于官宦家庭，原先已经累积了一定的基础，但长期下来大概也很难支撑下去，否则他也不至于在多次应试不第之后，开始喊穷，一直到晚年都还在哀叹贫穷。他作于乡试中举后次年（弘治六年，1493年）的《口号》诗说：

> 十年憔悴苦难禁，一寸书生不死心。
> 纸上逐年添墨字，床头何日有黄金？
> 落笔常沾粉与脂，生来馋病苦难医。
> 十年不改齑盐口，只是忻歌富贵词。
> 成功不多议论多，书生自古有痴魔。
> 枪唇剑舌浑无损，淡饭黄齑可奈何？

距离第一次乡试已经过了 13 年，他的人生也来到 34 岁，依旧穷苦无成。显然，不断地准备与参加科考已经让祝允明的经济每况愈下，加上他又不像沈周（1427—1509）那样有条件可以大隐于市，所以只能不断地寄望于仕途上④。

从祝允明题跋与经眼过的古书画作品可以发现，他对于书画收藏界相当熟悉⑤，同时苏州蓬勃发展的经济也造就出一个庞大的古书画作伪市场。在天时地利的配合下，作伪者找上善于模仿古代名家风格的祝允明来处理题跋，加上他本人确实有着经济上的需求，显然是再完美不过的组合。尽管祝允明确切开始参与伪造书画的时间并不清楚，不过若从他 20 岁出头开始准备科考算起，时间或许相当早。

除了这一类的商业性书写以外，还有许多的书法应酬场合也都留下了他的作品，其中也包含各式各样的风格，这些不同的歧异性当然都造成了研究上的困难。不过，尽管祝允明拥有百变的书风样貌，他还是有其本体的书风，也就是融合各家风格后，搭配自己独特的审美所发展出来的个人书风。由于这件《桃花源记并诗》卷并没有应酬对象，若真要论也就是写给自己的，所以书风上完全无需带有任何的社会功能性，属于一种完全自我的书写行为，展现出来当然也会是源自内心的本体书风，丝毫不需要任何的伪装与矫情，完全达到一种天真烂漫的至高书写境界。

祝允明在卷末刻意用了“漫书”这个词来表达其书写态度。就字面而言，就是随意、不经意地书写，然而书法质量上所反映的却是另一种相反状况，因此“漫书”在书法修辞上的功用就相当值得深入探讨，有关书法修辞的讨论可以参考白谦慎的研究⑥。

“漫书”出现在书法作品中并不算少，从传世书迹来看，集中出现在明代中期，尤其是苏州地区的书法家，例如文徵明（1470—1559）、唐寅（1470—1524）、王阳明（1472—1529）、陈淳（1483—1544）、王宠（1494—1533）、周天球（1514—1595）、王穉登（1535—1612）等。稍晚于祝允明的松江陆深（1477—1544）也使用过“漫书”一词，不过比例上还是以苏州书法家为大宗。

其实“漫书”可以联结到同时期画家对于“漫兴”的观念。吴派最重要的艺坛领袖沈周就曾经说道：“山水之胜，得之目，寓诸心，而形于笔墨之间云，无非兴而已矣。”（《自题画卷跋》，珊瑚网）沈周66岁（1492）时有《跋杨君谦所题拙画》：“画本予漫兴，文亦漫兴。天下事专志则精，岂以漫浪而能致人之重乎？并当号予为漫叟可矣。”（《石田先生文钞》）显然沈周直接把绘画称为“漫兴”，并自称“漫叟”，他也经常把绘画称作“戏墨”或“戏笔”。弘治癸丑（1493）夏天，沈周应承天寺寺僧之请，作《林堂思清图》，题中有：“唤茶屡搅山童睡，戏墨聊随野衲情。”因此，书法上的“漫书”，显然对应到绘画上的“漫兴”，很有趣的是，并未发展出“漫画”这个现代很流行的语词。不过这里的“漫”其实真正指的是一种发自内心的自然天真书写状态，而不是像字面上的随意或是散漫等意思。

有趣的是，原先用来指涉非应酬状态书写的“漫书”，发展到后来也会不由自主地被染上世俗性，在很多应酬作品中刻意被使用，意图表达出作品本身的优越与独特性。

二、渊明逸致

年逾 50 岁仍未被录用的祝允明，不仅耗费大量财力，人生依旧一事无成，心情可以说是郁闷到了极点，种种际遇都让他焦躁不安而且痛苦异常，常常需要借酒消愁。51 岁时作了《闲居秋日》诗，其中“浮生只说潜居易，隐比求名事更艰”句，完全呐喊自内心最深层的无奈与感叹。碍于人世间的种种现实考虑，当时要隐居确实比求取功名更为艰困，除了要有足够的田地外，更需要足够的人手帮忙才可能实现这种梦想。直到 55 岁那年的谒选，才总算谋个一官半职，授广东惠州府兴宁县知县，第二年便走马上任。

兴宁县民俗不淳，社会秩序也不好，祝允明赴任后很是感叹，诗云：“道惠何曾惠，言宁又不宁。”不过，他以礼对待老百姓，以教育来引导民风，就这样，在祝允明的治理下逐渐有了起色。然而57岁那年的冬天，他因拙于催科秋税反而被停给俸米，这些官场上的积弊让他产生归乡之心。嘉靖元年（1522），祝允明升任应天府通判，在南京任上近一年，仍旧不堪忍受官场的腐败，决心托病辞职，上疏求致仕。这一切就好像他在《危机》诗中所说："世途开步即危机，鱼解深潜鸟解飞。欲免虞罗惟一字，灵方千首不如归。"嘉靖二年（1523）归乡，居住于外祖父徐有贞（1402—1472）日华里旧宅，秋天书下此《桃花源记并诗》长卷。

祝允明对其51岁所作《闲居秋日》诗情有独钟，一生中曾经多次书写。台北故宫藏《七言律诗〈闲居秋日〉》卷，全作以狂草书写就，笔势雄健，飘逸洒脱，为其狂草杰作。以"闲居"为题，显然与陶渊明《九日闲居》相关，祝允明也有《和陶饮酒二十首》。根据《祝允明年表》，他书写陶渊明的作品也不少：40岁书《和陶渊明饮酒二十首》、51岁夏五月望前草书《闲居秋日卷》、51岁八月某日作行草《陶渊明田居诗卷》、57岁秋作《陶渊明饮酒诗》、62岁十一月三日书小章草《闲情赋》、66岁作草书《和陶渊明饮酒二十首》⑦。另外还有一些未纪年的书陶作品，如行草《陶靖节田居诗并题》、小楷《归去来辞》等。透过诗文中陶渊明典故与和陶诗的热衷，确实都反映出祝允明对于陶渊明的认同与追慕⑧。

选择在退休回乡的第一年写下陶渊明传世名作《桃花源记并诗》，无论在形式上或是书法上，都不是随手写写的作品，反而更像是对其追求人生理想生活的一种宣告，同时也总结其先前为世俗庸扰的痛苦日子。回到苏州的祝允明碍于种种现况，始终无法达到真正的归隐，因此作品中所描述的世外桃源就对于书法家有着非比寻常的意义。全卷的字里行间完全看不到平常应酬之作所容易出现的随意性与敷衍性，呈现出一种超脱世俗的无拘自在的书写态度，行笔间流露出的更是他内心世界的真实期盼。如此一件承载着艺术家的真切心声与复杂情感的书迹能够幸存至今，尤其又是祝允明这种疲于应酬的书法家，确实相当不容易，即使在整个中国书法史上都算是相当罕见而且难能可贵的绝佳例证。

三、心手双畅

苦于无法真正归隐的祝允明，对于梦想中的桃花源必然抱持着一线希望，当他偶然于桌上瞧见陶渊明集时，势必触动内心深处那个与世隔离的理想境地，否则他也不会特意抄录出一件将近四米长的《桃花源记并诗》的巨作。对书法家如此有意义的一件作品，确实在文学意境上能够与其心目中的理想桃花源紧密结合，最令人讶异的是书风上居然没有采用任何一家的风格，完全以融合各家后所发展出的祝允明本体书风来书写。所谓本体书风就是书法家在书学上融会贯通之后，依据自己的审美喜好与种种条件所自然产生的书法风格，最能体现书写者对于书法的理想样貌。拥有十八般书艺的祝允明在书写的当下，选择了最能够代表自我的理想书风，来挥洒终其一生都在寻觅的桃花源，可以说是生活与书法上两种理想境界的融合与激荡。人生际遇、风格与文本三者能够在此作中搭配得如此完美，这样难得的实例在书法史上并不多见，即使有也都是赫赫名迹，例如颜真卿（709—785）《祭侄文稿》、苏轼（1037—1101）《寒食帖》等。

祝允明最为世人激赏的当然是他的狂草作品，不过对于书法家本人而言，不见得会是相同的选项。这种状况在书法史上颇值得注意，例如张瑞图对自己天启年间的应酬书风就不是很赞赏，尽管后世为之风靡；傅山对于小楷的评价远高过现代人所喜爱的狂野大行草。祝允明传世最为精彩的《古诗十九首》（图 1），收录于《停云馆帖》中，可以代表其草书之最高成就，书于嘉靖乙酉年（1525），也就是逝世的

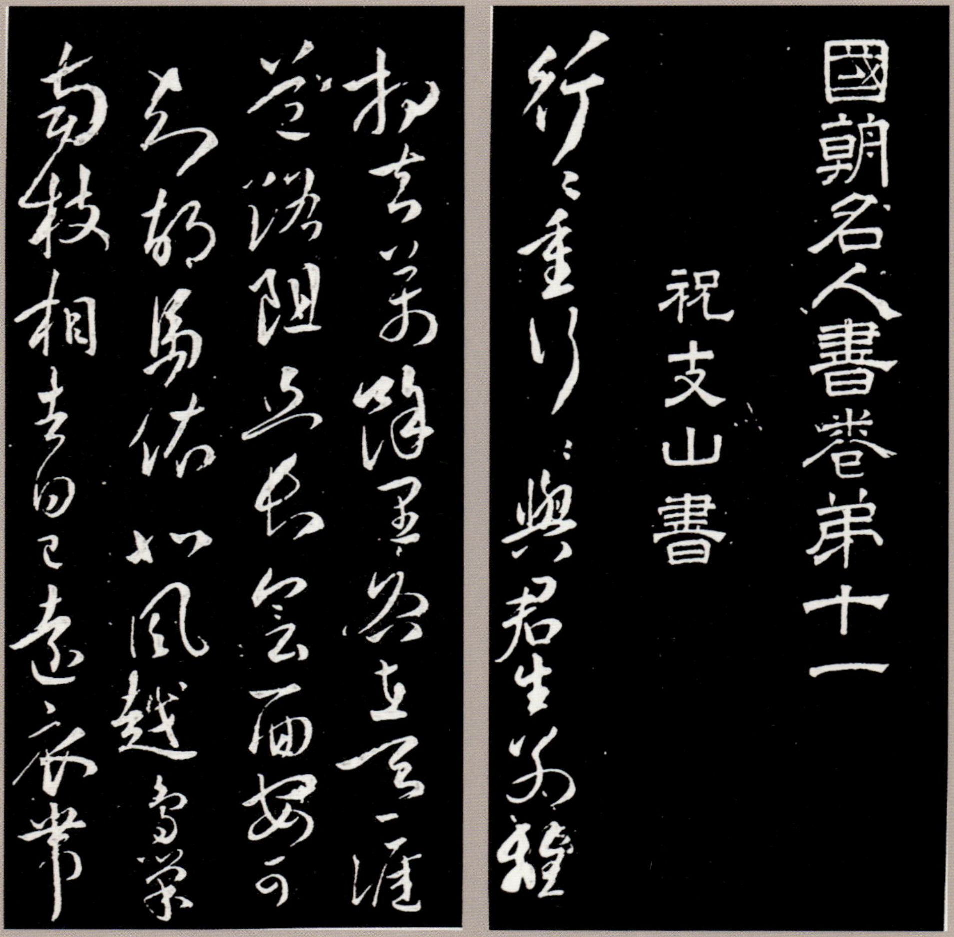

图 1

前一年。卷末有同时代的友人顾璘（1476—1545）、陈淳、王宠的题跋，一同被刻于帖中。根据祝允明自己的跋可知，当时他经过文嘉读书房，见案上备有良纸佳笔，遂以草书写完《古诗十九首》，余纸以欧体楷书、章草书分别书写了一首短诗，此作便一直珍藏在文家，直到刊刻

《停云馆帖》时，才以祝允明代表作的身份与世人见面。文家的选帖品位无疑代表了当时苏州地区的最高标准，加上他们与祝允明熟识的状况，这件绝对是千挑万选选出来的精品，同时也代表着当时鉴赏界对于此种书风的认同。曾经见过墨迹原件的王世贞评论说："余往从文嘉所见真迹，清真秀润，天真烂漫，大令以还，一人而已。"(《祝京兆书古诗十九首》，载《兖州山人四部稿》)显然，在当时的鉴赏家眼中，这样的书风才真正是代表祝允明草书的巅峰之作，完全达到了"清真秀润，天真烂漫"的至高境界，反而不是那些极其恣肆的狂草⑨。

事实上，此卷《桃花源记并诗》正是采用与《古诗十九首》类似的书风，带有一种不激不厉的雍容气质，属于更加典雅与传统的审美。尽管如此，作品中并非完全没有狂放的书态，点画之际仍可见到书法家笔画驰骋于纸上的恢宏气度，单字结构也都打破了平稳中正的规矩手法，整体读来依旧充满着连绵纵横、左右开张的撼人气势，只是单字外形不像狂草般的夸张与放肆。试想：若是祝允明当时采用狂草书写《桃花源记并诗》，反而在风格上不符合此文的优美静谧境界，整体必然显得格格不入，进而影响此作的整体艺术表现。

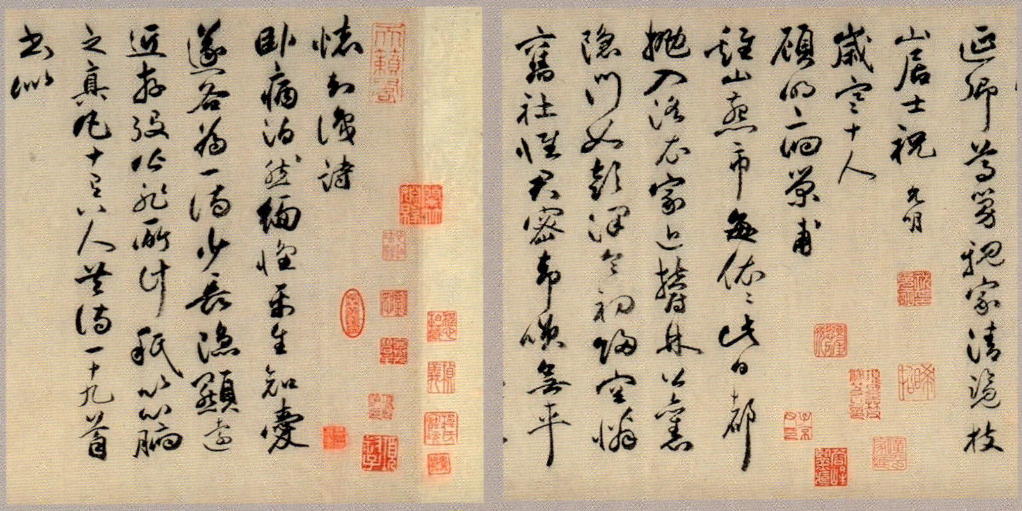

图 2

与此作风格相当接近的作品还有不少，例如上海博物馆藏草书《怀知诗》（图 2 ）与行草《和陶饮酒诗》（图 3 ），然而两件都是著名伪作。乍看之下，三件在外观上确实相当接近，然而仔细比对，不难发现从用笔技巧、线条质量到单字结构上都存在着不小的差异。整体上，《桃花源记并诗》的线条厚实饱满，几乎达到笔笔中锋的绝妙用笔，起收笔动作利落干净，转折顿挫明确爽劲，书写时的节奏、速度与提按都搭配得天衣无缝，达到一种几近完美的书写状态。至于两件伪作，光是线条质量就参差不齐，由于笔锋控制不良，出现不少扁薄用笔，书写动作上也经常有拖泥带水的状况，字体的重心往往因为要刻意模仿字形而导致偏斜不稳，这在真迹《桃花源记并诗》中是完全没有这样的缺陷的。祝允明遇到敧侧的单字时，都会巧妙运用笔锋角度、线条粗细与书写动作等等技巧来达到平衡的效果，与伪作中力有未逮的拙劣模仿完全不同。

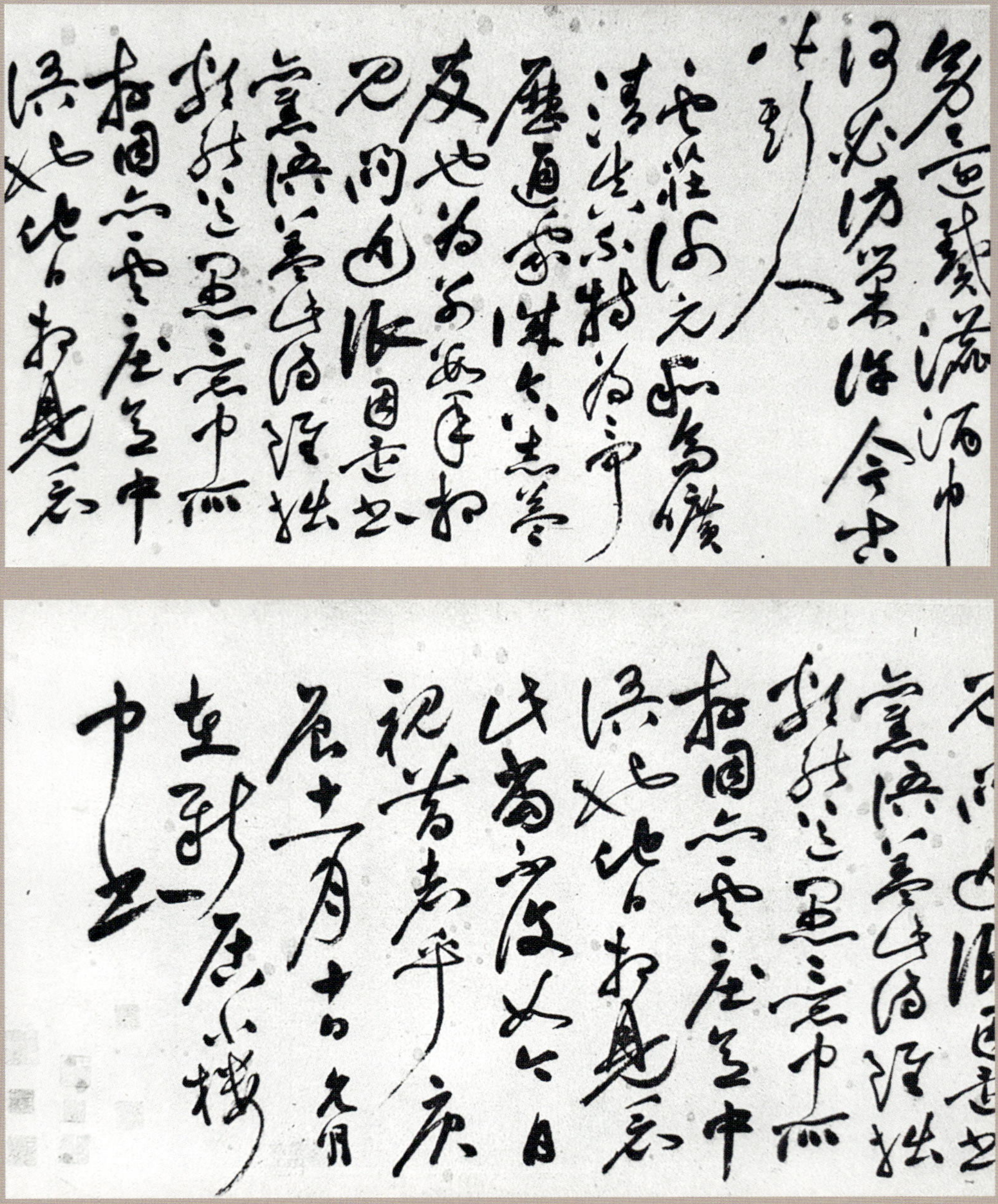

图 3

最近也有研究者利用笔迹学的方式来处理祝允明的真伪问题，方法与理论上看似没有什么问题，然而在运用时却不免产生逻辑上的矛盾。论者利用找到的几件假祝允明与几件没有问题的作品来相互比较，找出少数不一样的特征用笔，接着就宣称这些特征用笔可以拿来鉴定真伪，这样的逻辑显然不无问题[10]。事实上，现代笔迹学可以拿来鉴定一般人的字迹，但是要鉴定穷其一生都在练字的书法家字迹，恐怕难以使上力，毕竟字形与特征对于等级较高的模仿者而言都不是难事。书法鉴定的核心还是在笔墨（笔法、线条）上面，其余结字与章法都很容易乔装，很难借以说明什么状况。

此外，作者将伪作的风格群体圈选起来之后，就骤然断定这一类书风全数为伪作，这在论述上显然缺乏周全。作者在此文中尚未论述到的传世作品中，有许多都具备他所归纳出的那些伪作特征的笔画。这一类的祝允明伪作的数量远比其他类型来得庞大，而且其中很多都长期被接受为真迹，仅仅利用几个简单推论与不适用的笔迹学就要全盘否定前人的努力与鉴赏眼光，恐怕不是这么容易。事实上，这类被视为伪作的作品在数量上如此庞大肯定有其原因，显然必须考虑祝允明确实存在着这一路的书法风格，而不是完全否定这一类的风格。若仔细观察公认的传世名帖《古诗十九首》，可以发现这些大量伪迹正是与这一路的书风相近，也就是属于祝允明的本体书风，很多字形其实都非常相近，可见这些“伪作”其实都是有所本的造假。没有本子的作伪可以以吴应卯所书的《云江记》为代表（图4），仅外形上有点接近，笔法与线条就相差甚多。

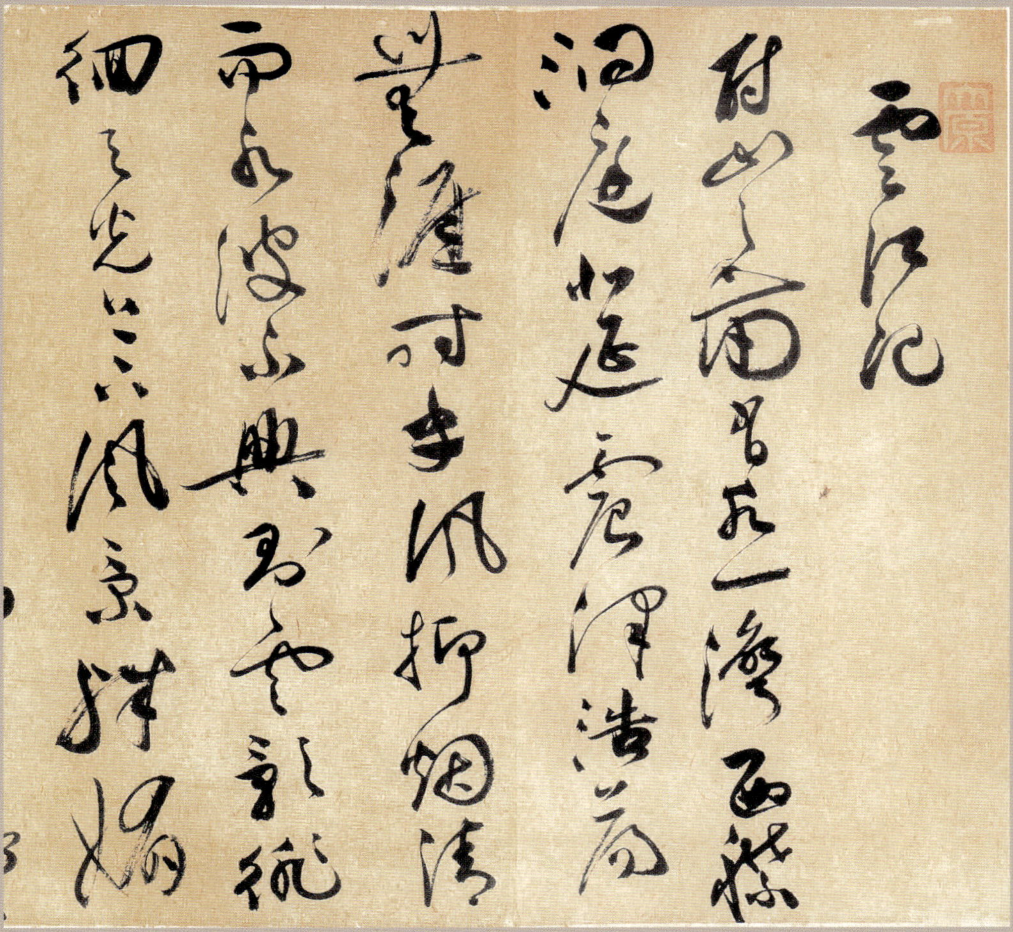
图 4

后来该论者又找到疑似祝允明书法的作伪者韩世能（1528—1598），证据就是发现韩世能书风酷似这些伪作，这样的推论当然也有问题。由于先前研究中所归纳出的特征用笔已经严重取样不足，作者很明显只是去发掘出有利于自己论述的少数不同处，利用这样不稳的基础再来检视韩世能书法，结果就是在受祝允明影响的韩世能草书中发现这些特征，这其实一点都不足为奇。发现韩世能可以写出祝允明风格的草书，与韩世能作伪祝允明完全是两码子事；整个推论唯一能说明的就是韩世能学习过祝允明，仅止于此。从文中比对的图像来看，韩世能的草书确实仿自祝允明，不过书写程度却比那些伪作中质量最差的还要差，不仅起收笔拖泥带水，转折顿挫的动作更是不利落确实，整体线条就更不用说了，简直就是软弱不堪，仅仅掌握了外观上的相似，与真正的祝允明相比差得相当远。也就是说，从笔法与线条的角度来看，韩世能的笔墨功夫根本还不足以造出那些伪作，这一点从笔迹学的角度是完全无法判断的。作品外形上相似的状况在书法史上的例子不胜枚举，不能够发现一个后代书法家可以写出前辈的书风，就骤然断定前辈书法家的作品都是这个书法家作伪的，这当然在逻辑上是行不通的。

事实上，从书法史上罕有推崇韩世能书法也能理解其书法程度，只要他能模仿出这批假祝允明中的任何一件，相信都不至于默默无闻，毕竟这些伪作能够流传到今日还未被淘汰，说明尚具备一定的质量与水平。作者文中列出的32件“伪作”中，虽然外观看起来都很接近，但是水平却是参差不齐，并非全数出于一人之手，其中有的书写质量相当好，恐怕无法如此简单地混为一谈。例如台北故宫收藏的《小草千字文》卷（图5），此作的书写水平相当高，而且是书写在不容易控制的藏经纸上，韩世能的草书相形之下就显得笨拙低劣许多，完全不可能出自其手。

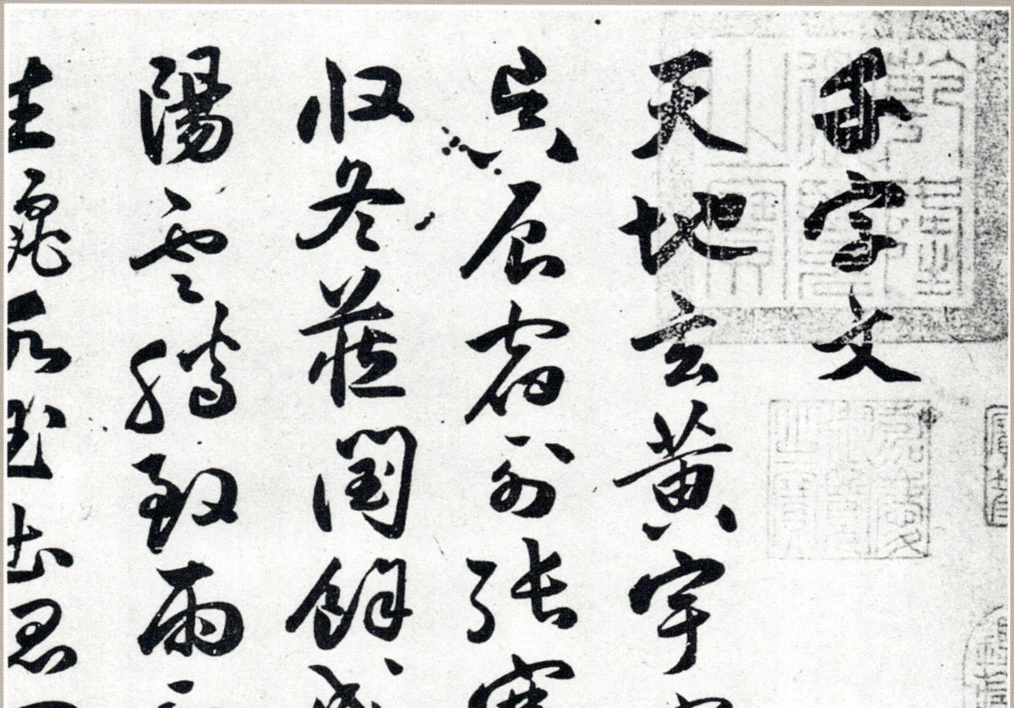

图 5

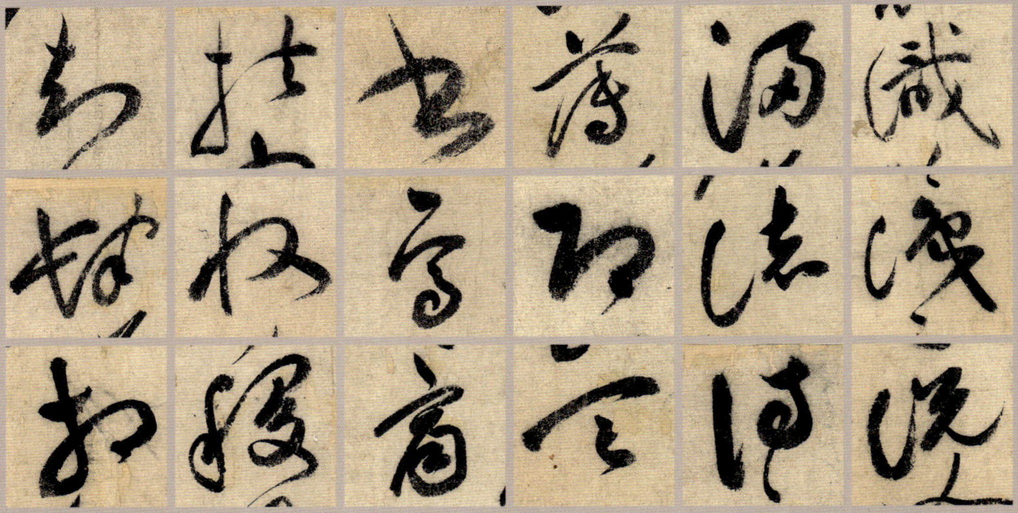

图 6

书法品评或鉴定最重视的就是笔法与线条，传统上也称之为笔墨。现代书写工具当然没有这些要求，因此字迹学所利用的外形特征或是书写习惯，运用在讲究临摹学习的书法艺术中，可说是完全行不通的，只能当辅助说明的参考工具，起不了决定性的作用。

接着，就笔墨的层次来欣赏这件《桃花源记并诗》卷。

全篇的书法质量相当稳定，可以说自始至终都没有出现水平参差不齐或是力有不逮的状况。书写过程中对于笔锋的运用，不只是讲究，更是处处充满变化，经常有出人意料的趣味产生，与伪作中往往千篇一律的刻意用笔完全不同。

祝允明善于运用各种角度下笔，或许学习自米芾的八面出锋，其中有尖锋、侧锋、藏锋（图 6 ），可以见到类似锋势又有不同的细微差异，真所谓变化无穷。

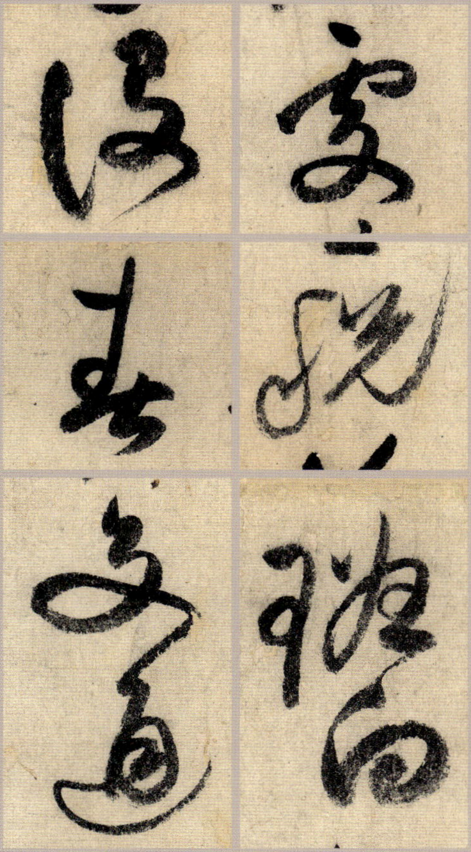

图 7　圆转

图 8　折转

书写过程中的过弯控笔技巧是祝允明最为擅长的笔法，也是一般书法家容易出错的地方，尤其在高速书写时以提按动作来让线条维持在中锋书写的质量（图 7）。当书写过快无法及时调整锋势时，他又会改以迅速改变笔锋方向的折笔方式来处理，展现出一流书法家对于毛笔随心所欲的控制能力（图 8），这种随机应变的处理能力在伪作中是很难出现的。

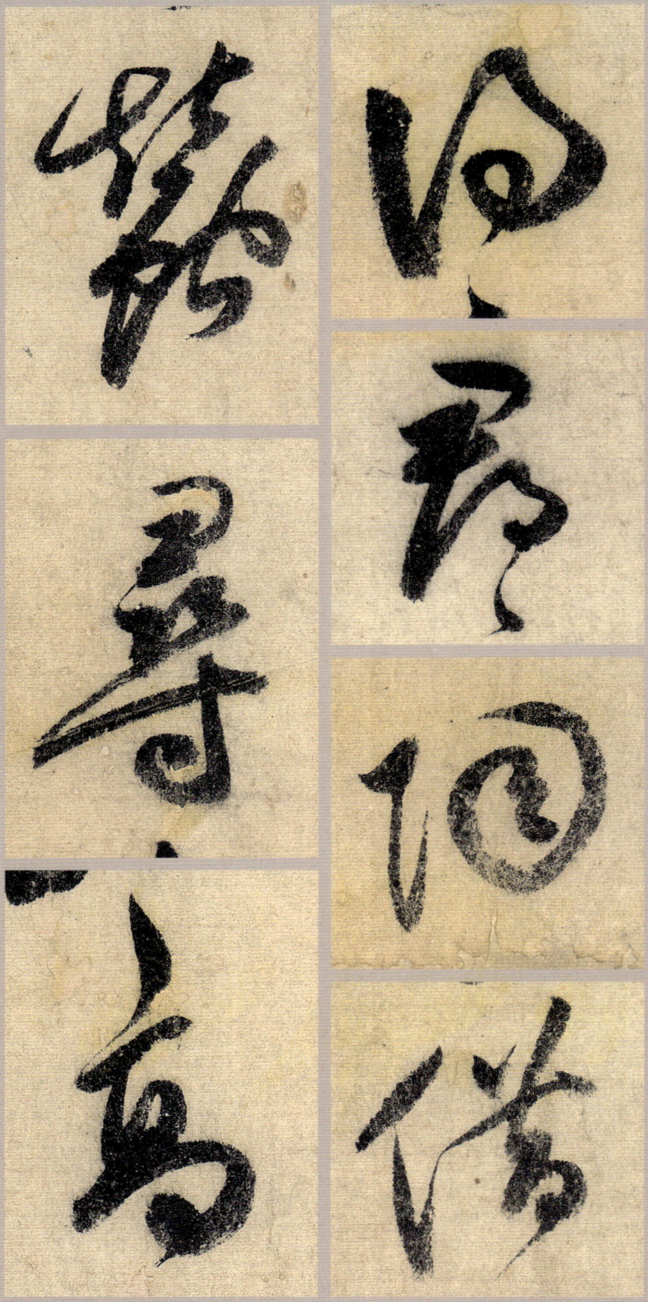

图 9

除了圆转笔画需要讲究外，书写时的折笔也是相当不容易处理好的技法，折的动作因为笔锋需要瞬间往反方向改变，唯有具备一定的控笔技巧，方能写出干净利落的外形与角度（图 9）。书法史上次一级的书法家（文彭、陈淳等）往往就无法完美地完成每次的转与折，彼此间的书法学功底与涵养立判高下。

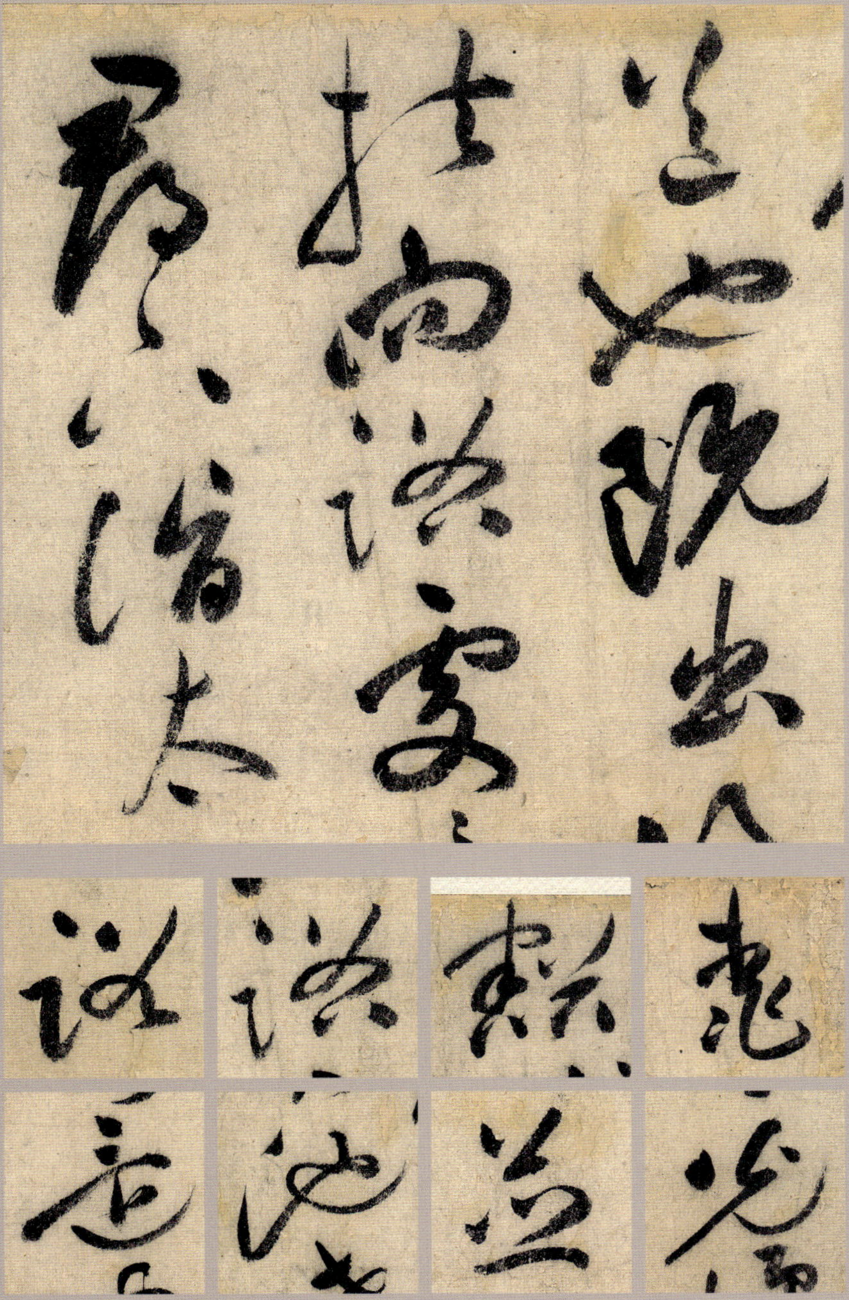

图 10

祝允明对于点的情有独钟也颇值得一提，其处理手法堪称书法史上一绝。他特别喜欢将许多笔画简化成点的形状，让容易因为线条缭绕而出现单调的草书别有一番新气象，加强画面的生动活泼感，搭配流畅的圆转回旋笔法，真正达到旋风骤雨般的狂野境界（图 10）。

图 11

钩在草书中尽管使用的机会较少，不过此卷祝允明还是运用了一些，形态上也是力求变化，搭配字形作短长强弱的调整（图 11）。

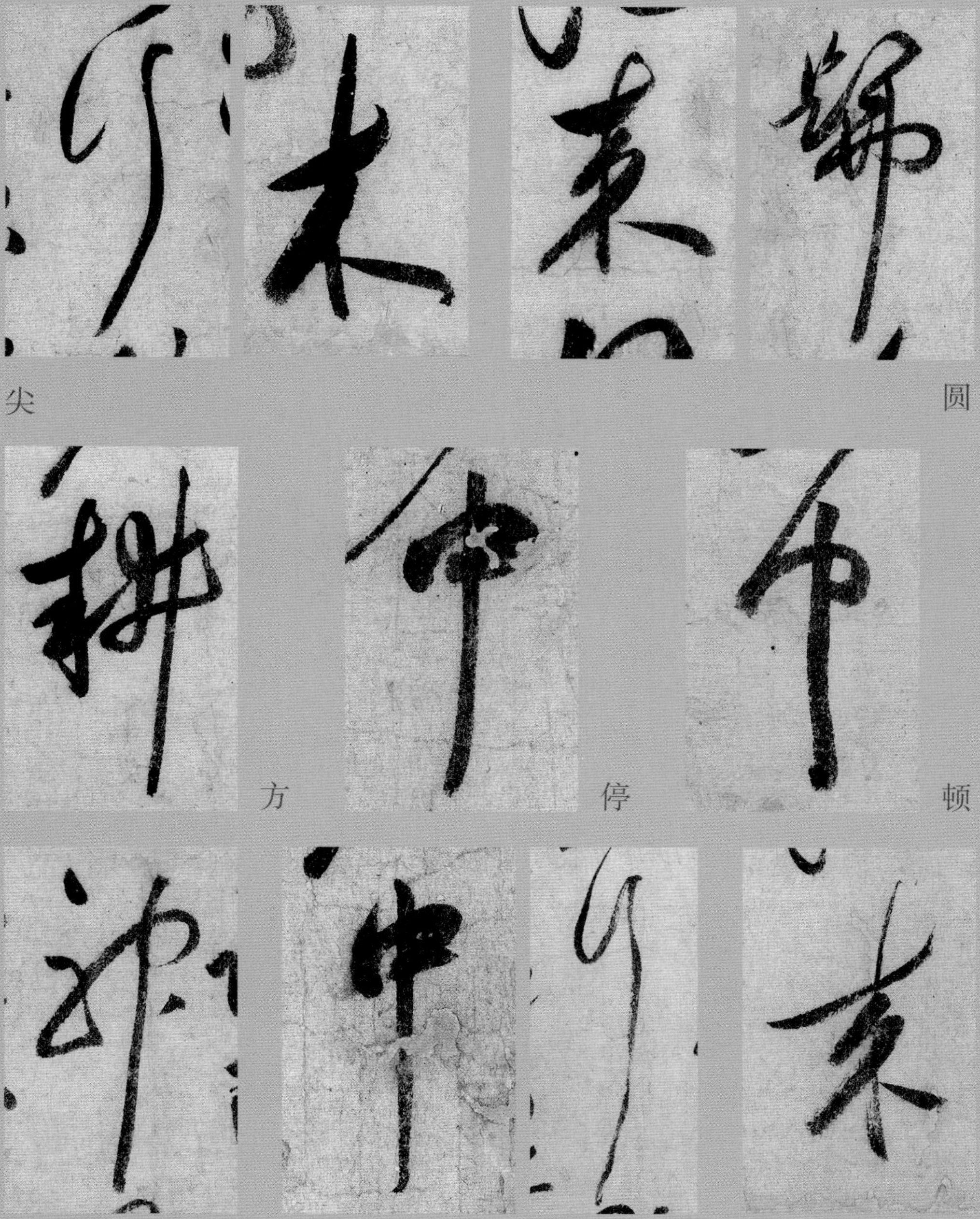

图 12

最后来见识一下长竖画的笔法，这个部分很能展现书法家的运笔技巧与变化能力，能力差一些的表现出来就是形态上的固定与僵化，无法像祝允明如此自由运用，既可以收尖、收圆、收方，还可以挑笔、顿笔、停笔、刷锋、平出等，完全随心所欲地搭配运笔动作，组合出各种风情的长竖笔（图 12）。

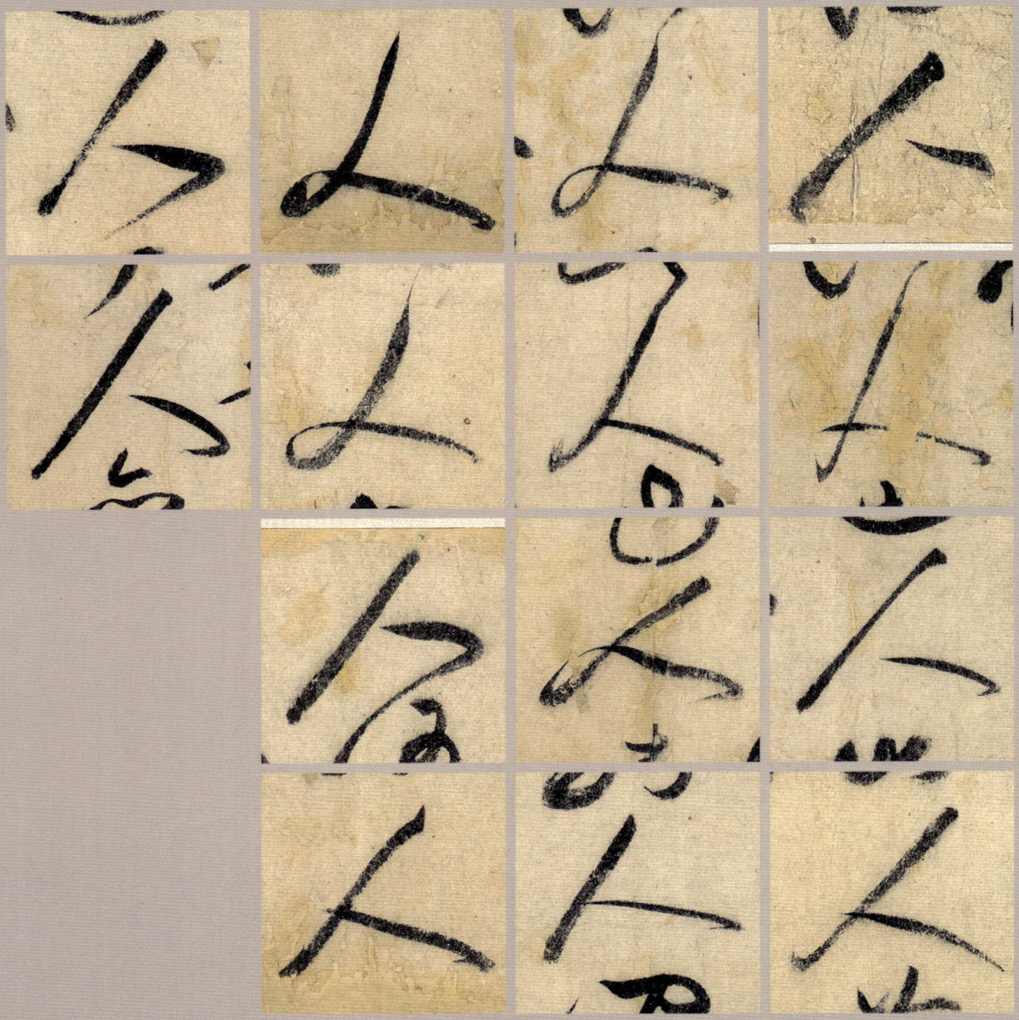

图 13

"人"字是卷中除了"一"外最简单的字，理论上很难有什么变化，事实上也确实不容易有什么新鲜感，然而在祝允明神奇的笔下，如此单纯的两画居然可以幻化出"人""人"不同的姿态与神情（图 13）。观者可以轻易发现，左撇不仅起笔角度各不相同，运笔轨迹与动作也略有差异，右笔同样也是从起、运到收的动作都无一雷同。在如此极端受限的状况下还能变化自如，确实堪称神乎其技。当然，造型上的变化也不是那么困难，不过要同时达到高质量的线条与完美的书写动作就相当不容易，三者完美的配合才是真正的关键处。仅仅利用一个"人"字就可以完全说明祝允明的书法学成就，能够被尊为"明代第一大家"绝非浪得虚名。几个"人"字中的细微变化与点画动作都显得十分自然，毫无描摹造作之痕迹，这当中的笔墨修为绝非那些临摹者可以企及。放眼明清书坛中，恐怕也找不出第二个人可以表现得如此精彩。

四、渡海蓬莱

《桃花源记并诗》卷除了祝允明钤盖"希哲父"朱文印一方外，本幅上并未见到任何早期收藏印记，因此收藏状况不明。拖尾钤有一方收藏印记"逸樵珍玩"，其余题跋印章如下：

庚申（1920）秋七月孝胥观。钤印一：海藏楼。
吴昌硕观于禅甓轩。时庚申秋（1920）。钤印一：吴昌石。
丁卯（1927）冬暨阳王亚南观于台北[11]。钤印一：王亚南印。
戊辰（1928）冬初吴兴王震敬观。钤印二：王震大利、一亭。
乙亥（1935）冬月谢介石观。钤印一：谢介石印。
戊寅（1938）春初王少涛观于东宁（台湾古名）木瓜庵[12]。钤印一：小维摩。
墨痕犹有意，越海入蓬莱。昭和十三年（1938）春观于台北读石山房之春兰香处。三野古村主人[13]。钤印一：读古。
尺寸园主人魏清德获观[14]。钤印二：魏清德印、润庵。

根据日人尾崎秀真的跋语“越海入蓬莱”可知此卷当时渡海至台湾，为台湾新竹文士李逸樵（1883—1945）所珍藏，此作曾于1925年于新竹桃园街林本源租馆展出[15]。李逸樵原名铁柱，讳翊业，号逸樵，别号雪香居士，旌表孝子李锡金（1786—1865）之孙。书风飘逸秀丽，笔姿妍媚，参考米芾、张瑞图、董其昌诸家，勤习30余年，卓然为名家。尤好书画收藏，每遇有名家作品，不惜巨资以购之。与张纯甫（1888—1941）并称为日据时期新竹两大书法家与鉴藏家。大正十五年（1926）时精选所藏名人墨迹，辑成《大东书画集》出版，为台湾重要书画史料。除书法外，也长于音律，能挥七弦，奏汉唐古乐。与同好倡设奇峰吟社，为日据时期新竹第一个成立的诗社，参与者多为当地青壮辈文士，日籍县知事樱井勉（1843—1931）亦常出席诗会，社员们经常游历古迹名胜，屡有唱和。奇峰吟社后并入竹社，更形活跃，经常参与全岛诗人联吟大会[16]。

日据时代的新竹收藏家以李逸樵和张纯甫最为重要，李逸樵很早就开始书画收藏，曾出版其部分藏品图录《大东书画集》，收有书法17件、绘画11件。其手上藏有文徵明（1470—1559）、史可法（1601—1645）、黄道周（1585—1646）、张瑞图等十余家，加上清代作品，不下千件。李逸樵自己在序文中说明其收藏主要来自福建、浙江与上海等地，他还身兼书画古董商。1911年，李逸樵于泉州庄、黄两位藏家处购得黄道周、史可法、张瑞图、董其昌作品。此外，李逸樵也收藏沈南苹（1682—1760）、关思（生卒年不详）等浙江地区画家的作品。1911年李逸樵分别以石版印刷、写真版复制黄道周、董其昌、张瑞图、史可法作品，石印近千余份，供同好者收藏。

据《日日新报》1920年8月15日的报道，张纯甫、李逸樵两人搭乘“湖北丸”前往福州、上海等地，展开为期一个月的旅行。除了游览名胜外，亦前往上海拜访郑孝胥（1860—1938），吸引他们的当是郑氏精于鉴定的名声与书名。当时人即认为上海遗老中，郑孝胥对于鉴定真伪最具定见[17]。李逸樵曾写道：“先生郑氏，名孝胥，字苏戡，福建闽县人。光绪间解元，及成进士，授编修，历官布政使司。后受宣统帝复召，为内务大臣。精鉴赏，工书法，从苏黄而略参隶意，现时推为巨擘。最善诗文，亦一大家，著作甚多。今年近七十。”[18]1920年8月27日，李逸樵与张纯甫前往上海登门拜访郑孝胥，透过从商的江宣甫引荐：“江宣甫复偕台湾人张、李来见，挟文衡山、张二水、董元宰、黄石斋墨迹来，始余观之。”[19]两人从台湾携带书画前往上海，请郑为其藏品题跋鉴定。郑孝胥也帮李逸樵题写馆斋号“雪香山房”[20]。

此外，李逸樵的上海之行，还拜访了吴昌硕（1844—1927）与王震（1880—1933），委托两人为其得意收藏鉴定和题跋，或许和吴昌硕、王震在日本艺文界享有极高名望有关。李逸樵收藏的史可法（1601—1645）书法长卷，其后分别有1920年秋天吴昌硕（图 14）、1928 年冬天王震的观款（图 15）。跋文年份可明确对应到李逸樵的两次前往上海的时间[21]。李逸樵的友人许丙（1891—1963），也因为任职板桥林家商务的关系，经常到福建、上海出差，和吴昌硕、王震来往密切[22]。

图 14

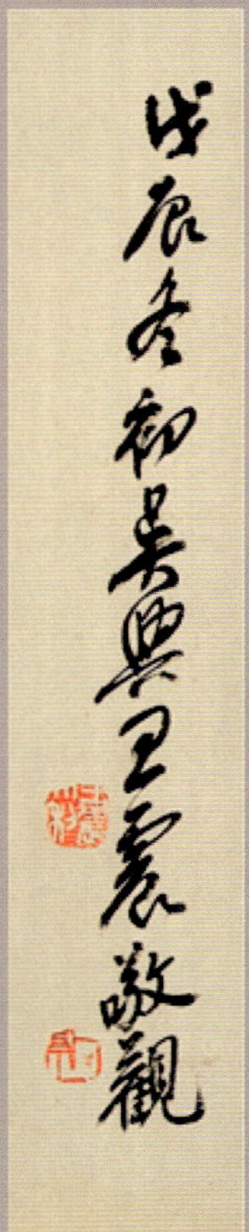

图 15

值得注意的是,《桃花源记并诗》上即有郑、吴、王三人题跋,时间上也吻合两次至上海的时间,此卷当年正是与史可法卷一同被李逸樵从台湾携往上海,请这些名家于其上题跋,显见此作在其收藏中之重要性。

若从1920年的题跋开始算起,此卷一直被珍藏在台湾长达百年,直至2017年才从台湾高雄藏家手中释出。据该藏家指出,此作曾于2016年携至台北故宫兜售,已经进入实质文物购藏的审查程序中,后来遇到政党轮替,加上公家机关采购程序的僵化与不知变通等等因素,因而未能继续审查。也正是在这样的机缘之下,现在的收藏家才有机会购得此卷,同时公布至为难得的揭裱修复完整记录。

结语

陶渊明《桃花源记》中那个失落天堂的完美形象,在历代文人心中早已成为无法抹灭的文化基因,每个人心里都有一个独特专属的桃花源。如此根深蒂固坚如磐石的文化传统,理应留下不少历代书法名迹,然而目前传世《桃花源记》墨迹中却罕见一流名家的手笔,已公开作品中以北京故宫所藏八大山人所书为最,八大山人当然是以画为闻名,故难免遗珠之憾。朱耷此行草书《桃花源记》卷书于71岁,纵26厘米、横211厘米(图16),内容仅书写记,诗未录。反之,祝允明《桃花源记并诗》除了在尺寸上大了将近一倍,内容上也是完整抄录诗与记。书法家本身是明代草书第一大家,加上此作又是其本体草书之生平代表作,处处都显出此卷独一无二的珍贵特性。显然,随着祝允明此巨作在台湾的现身与修复完成,让《桃花源记》文化遗产中缺席已久的书法艺术可以重新占有一席之地,也让世人得以见识到最高质量的《桃花源记》书法。

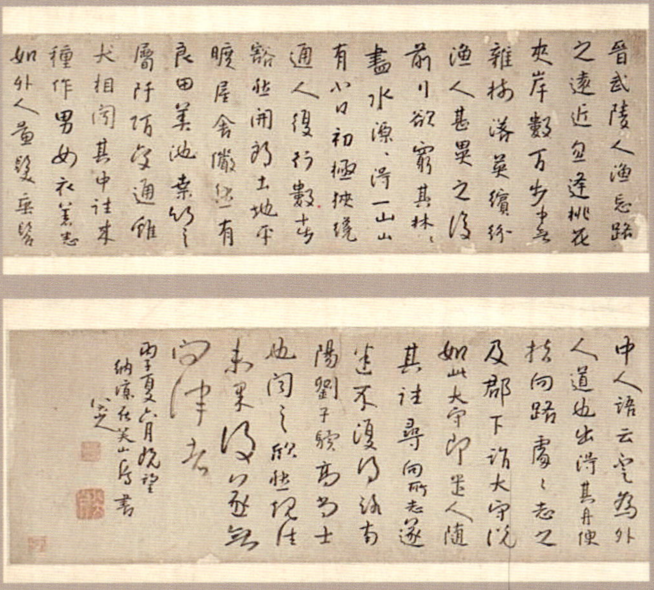

图 16

乍看之下，此作确实光鲜亮丽，许多人或许会因此轻忽其丰富的文化意涵，认为只是祝允明众多传世书迹中的一件精品而已。不过，随着深入的研究与分析，发现到此作不仅是祝允明本体草书风格的代表杰作，对书写者本身也具有非比寻常的象征与情感，同时还能反映出明代书法的最高成就与当时特殊的社会、经济与文化现象。如此一件从作者、风格到文本都紧密结合，并与时代的社会文化相契合的草书精品，不仅是书法史上的耀眼明珠，更是华夏文明中的一方丰碑。

注释

① 白谦慎，《傅山的世界：十七世纪中国书法的嬗变》，三联书店，2015年；薛龙春，《书法应酬与王铎的人脉网络——以受书人中的河南地方官与清初新贵为例》，《清华学报》，40卷3期，513—541页；何炎泉，《张瑞图（1570—1641）行草书风之形成与书法应酬》，《台湾大学美术史研究集刊》，19期，133—153页。

② 何炎泉，《毫端万象：祝允书法特展》，台北故宫博物院，2013年。

③《毫端万象：祝允明书法特展》，238页。

④ 王欣慧，《从超世绝群到入世随俗：论祝允明〈大游赋〉中大人形象的衍异》，《政大中文学报》，25期，212—218页。

⑤ 同②。

⑥ 白谦慎，《从傅山和戴廷栻的交往论及中国书法中的应酬和修辞问题》，《故宫学术季刊》，16卷4期，95—133页；17卷1期，137—156页。

⑦ 葛鸿桢，《祝允明》，紫禁城出版社，1988年，48—57页。

⑧ 刘小兵，《以吴中三家的书法风格分析陶渊明书法艺术传播》http://www.wenxuecity.com/book/?act=view&chapterID=51418602&bookID=60556128（2018年4月18日查询）

⑨ 林霄，《以笔迹学方法重鉴祝允明》，近墨堂书法研究基金会网站 http://www.jinmotang.org/index.php?route=research-detail&id=9（2018年4月16日查询）。

⑩ 林霄，《韩世能疑是伪祝允明书法的作者》，脉望林霄的博客 http://blog.sina.com.cn/s/blog_aff35b1b010141cg.html（2018年4月18日查询）。

⑪ 王亚南（1901—1969），湖北黄冈县（今黄冈市）王家坊人，原名际主，号渔村，笔名王真。中国马克思主义经济学家、教育家，厦门大学校长。

⑫ 王少涛（1883—1948），名新海，字少涛，又字肖陶，别署云沧、小浪仙、小维摩，淡水县摆接堡土城庄（今新北市土城区）人。王少涛自署“诗痴”，热衷于汉诗创作与活动。曾于明治三十八年（1905），与黄纯青、刘克明、魏润庵等人倡设“咏霓吟社”，为北台诗社滥觞。明治四十二年（1909），

加入“瀛社”，被推选为临时干事。翌年，再与黄纯青等人筹组“瀛东小社”。大正八年（1919）游历潮、汕三载，自编诗集《韩江游草》一卷。王氏足迹踏遍全岛，日据时期，积极参与各地诗社与画会活动，并以诗、书、画三艺闻名，著有《木瓜庵诗集》。

⑬ 尾崎秀真（1874—1952），号古邨、白水，日岐阜县加茂郡西白水村人。初任东京报知新闻记者，后转任台湾《日日新报》主笔，在职 25 年。期间兼总督府嘱托，及私立台北中学校长，并投身台湾岛之考古学，为著名之汉学家，亦“南雅社”成员。留台 30 年，对台湾地方文史之整理、古迹之维护，不遗余力。曾举办“台湾 300 年文物展览”，观赏者近万人，影响颇深。著有《台湾三千年史》《鸟松阁汉诗集》，台北龙山寺及孔庙皆有其字迹。

⑭ 魏清德（1886—1964），字润庵，台湾新竹人，原籍福建泉州。魏绍吴次子。其父绍吴系书房汉文教师，家学渊源，自幼即长于诗文，就读师范时，曾参加“咏霓吟社”之活动。逮 1910 年加入“瀛社”为创始会员，并继谢雪渔之后，被推为第三任社长，纵横台北吟坛。嗣受日本汉学家、台湾《日日新报》主笔尾崎秀真之赏识，擢拔为该报记者及汉文部主任，每逢元旦及天皇寿辰，均可见其以古文写成之庆贺文字，颇受日人重视，被任为新竹州评议员。国民党当局退据台湾后，与“监察院长”于右任、“考试院长”贾景德等亦时相往还，名重北台。1935 年应其乡人、伪满驻日大使谢介石之邀赴东北旅行考察，著《满鲜吟草》，又有《润庵吟草》《尺寸园瓿稿》。

⑮《新竹特讯·书画陈列》，台湾《日日新报》，1925 年 12 月 31 日，4 版。

⑯ 彭姿缥，《日治时期日人与台人书画数字典藏计划》，台湾清华大学图书馆 http://www.lib.nthu.edu.tw/library/project/cpjtt/author03-3.htm（2018 年 4 月 16 日 查询）。

⑰ 柯辉煌，《日治时期的书法鉴藏、推广及风格蜕变：新竹书法家李逸樵（1883—1945）研究》（台湾大学艺术史研究所硕士论文，2016 年），41、45、46、47 页。

⑱ 李逸樵编,《大东书画集》,未标明页数。

⑲ 郑孝胥著,劳祖德编,《郑孝胥日记》,中华书局,1993 年,1839 页。

⑳ 李逸樵,《大东书画集》,未标明页数。

㉑ 史可法,《陪郑广文游将军山林十首》,上海道明拍卖 2014 年春季拍卖会(古代书画)http://www.dowmin.com/PaiPin.aspx?ID=37708(2018 年 4 月 23 日查询)。

㉒ 许伯埏著,许雪姬主编,《许丙、许伯埏回想录》,台北中央研究院近代史研究所,1996 年,337 页。

天下第一祝枝山

陆 作品数据

草圣祝允明《桃花源记并诗》卷

明　祝允明《桃花源记并诗》

纸本手卷，尺寸 29.5 厘米 ×387 厘米

晋太元中，武陵人捕鱼为业。缘溪行，忘路之远近。忽逢桃花林，夹岸数百步，中无杂树，芳草鲜美，落英缤纷。渔人甚异之，复前行，欲穷其林。林尽水源，便得一山，山有小口，仿佛若有光。便舍船，从口入。初极狭，才通人。复行数十步，豁然开朗。土地平旷，屋舍俨然，有良田美池桑竹之属。阡陌交通，鸡犬相闻。其中往来种作，男女衣着，悉如外人。黄发垂髫，并怡然自乐。见渔人，乃大惊，问所从来，具答之。便要还家，设酒杀鸡作食。村中闻有此人，咸来问讯。自云先世避秦时乱，率妻子邑人来此绝境，不复出焉，遂与外人间隔。问今是何世，乃不知有汉，无论魏晋。此人一一为具言所闻，皆叹惋。余人各复延至其家，皆出酒食。停数日，辞去。此中人语云："不足为外人道也。"既出，得其船，便扶向路，处处志之。及郡下，诣太守，说如此。太守即遣人随其往，寻向所志，遂迷，不复得路。南阳刘子骥，高尚士也，闻之，欣然规往。未果，寻病终。后遂无问津者。

嬴氏乱天纪，贤者避其世。黄绮之商山，伊人亦云逝。
往迹浸复湮，来径遂芜废。相命肆农耕，日入从所憩。
桑竹垂余荫，菽稷随时艺。春蚕收长丝，秋熟靡王税。
荒路暧交通，鸡犬互鸣吠。俎豆犹古法，衣裳无新制。
童孺纵行歌，斑白欢游诣。草荣识节和，木衰知风厉。
虽无纪历志，四时自成岁。怡然有余乐，于何劳智慧。
奇踪隐五百，一朝敞神界。淳薄既异源，旋复还幽蔽。
借问游方士，焉测尘嚣外。愿言蹑轻风，高举寻吾契。

案头偶探得词集，暇中漫书此。时癸未（1583）秋日也。允明。
钤印一：希哲。

庚申（1920）秋七月孝胥观。
钤印一：海藏楼。

吴昌硕观于禅甓轩。时庚申秋（1920）。
钤印一：吴昌石。

丁卯（1927）冬暨阳王亚南观于台北。
钤印一：王亚南印。

戊辰（1928）冬初吴兴王震敬观。
钤印二：王震大利、一亭。
乙亥（1935）冬月谢介石观。
钤印一：谢介石印。

戊寅（1938）春初王少涛观于东宁木瓜庵。
钤印一：小维摩。

墨痕犹有意，越海入蓬莱。昭和十三年（1938）春观于台北读石山房之春兰香处。三野古村主人。
钤印一：读古。

尺寸园主人魏清德获观。
钤印二：魏清德印、润庵。

图书在版编目（CIP）数据

桃花源记重生记 / 叶竑毅著. -- 南京：江苏凤凰美术出版社，2020.9

ISBN 978-7-5580-7724-1

Ⅰ. ①桃… Ⅱ. ①叶… Ⅲ. ①绘画-文物修整 Ⅳ. ①G264.3

中国版本图书馆CIP数据核字（2020）第157142号

责任编辑　王林军
助理编辑　高　森
书籍设计　高　森
责任校对　吕猛进
责任监印　张宇华

书　　名　桃花源记重生记
著　　者　叶竑毅
出版发行　江苏凤凰美术出版社（南京市湖南路1号　邮编：210009）
出版社网址　http://www.jsmscbs.com.cn
制　　版　南京新华丰制版有限公司
印　　刷　南京新世纪联盟印务有限公司
开　　本　889mm×1194mm　1/16
印　　张　11.25
版　　次　2020年9月第1版　2020年9月第1次印刷
标准书号　ISBN 978-7-5580-7724-1
定　　价　98.00元

营销部电话　025-68155792　营销部地址　南京市湖南路1号
江苏凤凰美术出版社图书凡印装错误可向承印厂调换